AF282436

David Kolosza

Mindset Revolution - 36kg leichter, 100% stärker

Mindset Revolution
36kg leichter, 100% stärker

David Kolosza

Herstellung und Verlag:
BoD – Books on Demand, Norderstedt

ISBN: 978-3-7583-2939-5

1. Kapitel
„Situation 01.Januar 2023"

Am Neujahrstag 2023 lag ich schon morgens auf der kaputtgelegten Couch, frühstückte, trank meinen Kaffee, präparierte einen Shishakopf und schaute Netflix. Auf dem Tisch sammelten sich alle Sachen, die ich eine Woche zuvor aus dem Briefkasten geholt habe: Zeitungen, Werbung und natürlich ungeöffnete Briefe. Die Wohnung war nicht aufgeräumt und schmutzig. In der Ecke stapelten sich die Pizzakartons. Auf den untersten Kartons sammelte sich bereits Staub. Sie alle rauszubringen wäre mühselig und was, wenn die Nachbarn oder noch schlimmer die Vermieterin das sehen würden? Die Jalousien waren unten, immer. Vorhänge hatte ich keine. Es sollte niemand die Neubauwohnung mit Fußbodenheizung sehen, die ich wie ein Schwein bewohnte. Die Küchenzeile, die mir von meinem Quasistiefvater aufgebaut worden war, musste dringend geputzt werden. Der ordentlichste war ich nie, ich kam damit zurecht.

Ich stand auf und musste auf die Toilette. Mein linkes

Knie schmerzte. Das Waschbecken war seit über einem Monat nicht sauber gemacht worden, genauer gesagt seit meiner Geburtstagsfeier Ende November. Es sammelte sich schon wieder Staub im Waschbecken. Darüber war ein großer Spiegel, der auch mal wieder gereinigt hätte werden müssen. Auf dem Spiegel lag ein Kabel, das Strom für einen Spiegelschrank liefern könnte. Brauchte ich nicht.

Ich setzte mich auf die Toilette. Die Klobrille ging kaputt. „Ooooch nöö", stieß ich aus. Am Ende war es egal. „Dann legt mir das Leben dann halt noch einen Stein in den Weg. Langsam kann ich eine Mauer bauen." Ich stand wieder auf, stützte mich auf das schmerzende Knie, um es zu entlasten. Daraufhin spülte ich, wusch meine Hände und kehrte auf die Couch zurück. Der Kühlschrank war leer, die Lieferservice-App offen.

Alle Einladungen für Silvester schlug ich aus, ich hatte absolut keine Lust auf irgendwas, schon gar nicht Alkohol trinken und dann irgendwie nach Hause kommen. Mein soziales Umfeld wohnt 40 Kilometer weg - mindestens. Okay, da gäbe es ein befreundetes Paar in der nächsten Stadt, aber ich bemühte mich nicht.

Außerdem halte ich auch nichts von Jahresvorsätzen, die am 01.01. eines jeden Jahres verkatert gemacht und dann spätestens zwei Wochen später wieder über Bord geworfen werden.

Ich schämte mich sehr für mein Aussehen und auch die Bekundungen einiger Freunde (beispielsweise „Du siehst echt gut aus und bist gepflegt, das findet eine Frau auch schön!") änderten nichts an meiner negativen Grundhaltung mir selbst gegenüber. In Wirklichkeit sehnte ich mich nach einer Freundin oder zumindest einer Frau, die bei mir lebt und mit der ich tiefgründige Gespräche führen kann und mich versteht. Also wirklich versteht. Ich kann nicht jedes Mal meine Mum anrufen, die immer das Beste für mich wollte und auch mal grob sein konnte, wenn es angebracht war.

Aber wie eine Freundin finden? Ich war zwar kein Fleischkloß, der mit einem Kran aus dem Bett geholt werden musste, aber mein Körper war mit circa 60 Kilo Übergewicht wahrlich kein Hingucker. Im Gegenteil. Wenn ich versuchte, Blickkontakt aufzunehmen, war die netteste Reaktion der Frau das direkte

Wegschauen nach dem Motto „Der soll mich ja nicht anquatschen!". Ich konnte es absolut keiner Frau verdenken. Ich wog 150 Kilo, in der Bahn hat sich nie jemand neben mich gesetzt, meine Kleidungsgröße 3XL umfasste in Läden wie C&A nicht allzu viele Artikel, hatte Bluthochdruck und aß trotzdem munter meine Chips und sonstigen Kram weiter. Mein Rekord sind zwei Wochen Fastfood am Stück, den ich im Dezember '21 aufgestellt habe, als ich krank in meine aktuelle Stadt (In diesem Buch heißt sie Novuria - genauso wie die Anfangsstadt meines eigenen Pokémon-Spiels) gezogen bin und keine Küche hatte.

Ich werde nie mehr eine Erkältung verschleppen, das geht massiv aufs Herz wie ein Hammer. Schmerzen in der Brust hatte ich auch gelegentlich, meist während der langen Autofahrt aus meiner alten Stadt zur Arbeit. Zum Arzt bin ich deswegen nie gegangen, weil es lag ja eindeutig an meiner Fettleibigkeit. Mir war also immer schon klar, dass ich absolut nicht gesund bin, trotzdem stopfte ich Müll in mich hinein und bemitleidete mich einfach nur. Indem mir das klar wurde, bemitleidete ich mich noch mehr und der Teufelskreis konnte nur durch Essen kurzfristig gelindert werden.

Dann aber fühlte ich mich wieder schlecht. Welch' eine Überraschung, wow!

Es ist nicht nur so, dass ich körperlich nichts zu bieten hatte, auch beruflich steckte ich in einer Sackgasse. Ich hasste meinen Job, weil dieser mich langweilte. Aufgrund meiner pragmatischen Art, Lösungen herbeizuführen, war ich nicht lieb kind bei den Führungskräften. Irgendwann lernte ich damit umzugehen und es an mir abprallen zu lassen. „Ich ändere mich nicht und feuern können sie mich nicht, weil die keine Leute finden, die den Bumms machen wollen" war meine Einstellung. Aber eine lukrative Alternative ergab sich für mich nie. Ich bin also nach Novuria gezogen zu einer Arbeit, die ich brauchte, aber gleichzeitig hasste und mich somit komplett in soziale Isolation begeben. Gut gemacht!

Dann ist da noch das Thema Finanzen. Man sollte meinen, dass man mit über dreißig Jahren auf dem Buckel schon ein wenig Geld angesammelt hat. Pustekuchen. Mit Geld konnte ich nie richtig umgehen und habe nur von Gehalt zu Gehalt gelebt. Meinen ersten Handyvertrag konnte ich finanziell nicht bedienen und wurde deswegen gekündigt. Ich weigerte mich danach erst Recht, den offenen Betrag von inzwischen weit mehr als 500 Euro zu zahlen. Nach einem gelben Brief lenkte ich im Jahr 2015 ein; ich zahlte zwanzig Euro im Monat. Aber die Schufa bekam das natürlich mit und machte mich kreditwürdig wie Griechenland in 2009. Ich kann mir seitdem kein Auto kaufen, keinen Kredit aufnehmen, auf dem Wohnungsmarkt sieht es schlimm aus für mich und etwas auf Raten zu kaufen geht auch nicht mehr. Also lebte ich stattdessen von Monat zu Monat und verschwendete mein Geld für Plunder, sodass ich meine Freunde und Familie mehr als einmal um Geld bitten musste. Anfang nächsten Monats erhielten sie es in der Regel zurück. Ich schäme mich immer noch zutiefst über diese Lebensweise, die ich mittlerweile glücklicherweise abgelegt habe. Dennoch habe ich mich mit dem Umzug übernommen, weil die 2220 Euro Kaution nicht per Kautionsbürgschaft beglichen werden durften. So überredete ich meine neue Vermieterin, die Kaution in drei Monatsraten abzuzahlen. Es blieb nichts mehr übrig. Nahrungsmittel nur noch günstig und am besten noch mit den -30%-Stickern kaufen und einfrieren. Einen Dauerauftrag für Strom habe ich nicht eingerichtet und versäumte es irgendwann komplett. Dieser Umstand würde mich definitiv einholen, doch ich verschloss beide Augen und dachte nur daran, mich und das Auto irgendwie über Wasser zu halten mit Essen, Trinken und Benzin. Sonstige Rechnungen konnte ich nicht mehr begleichen. Die Anzahl der ungeöffneten Briefe erreichte in etwa den Status der Briefe, die eines Sonntages allesamt zu Harry Potter ins Haus am Ligusterweg Nummer 4 eingeprasselt sind. Ich war mit jeder Faser meines Körpers und meines Geistes ein Opfer allererster Güte!

Diese Faktoren haben mich in ihrer Gesamtheit sehr einsam gemacht, so sehr geschämt habe ich mich. Das mit dem Strom habe ich nie jemandem erzählt. Das mit den Briefen auch nicht. Das mit meinem Herzen ebenso nicht. Die ganze Geschichte nicht.

Also lag ich an Neujahr völlig entspannt morgens auf der durchgelegten und schmutzigen Couch in meiner Neubauwohnung mit Fußbodenheizung und bin zumindest stolz, nicht verkatert zu sein, na, das ist doch immerhin etwas. Adipös zu sein, hat nicht den einen Grund sondern ist multifaktoriell, das bedeutet, verschiedene Faktoren spielen eine große Rolle. Ich denke, ich habe ziemlich vollständig beschrieben, wie es zum BMI über 40 gekommen ist. Gewogen habe ich mich lange nicht, wie kann ich also wissen, dass es 150 Kilo waren, die ich tagtäglich mit mir herumschleppte? Im Sommer 2018 war ich auch schon sehr dick und habe mich entschlossen, mit radikalem LowCarb, Intervallfasten und viel Sport abzunehmen. Vor allem abends gab es nur so etwas wie Paprika, Brokkoli und Hähnchengeschnetzeltes in der Pfanne. Als ich dann das Startgewicht ermitteln wollte, zeigte die Waage 148 Kilo an. Und im Januar 2023 war ich definitiv dicker, deswegen setzte ich mein Gewicht auf 150 Kilo, vermutlich war es aber noch mehr Masse. Aber 150 Kilo hört sich besser an als „mindestens aber ich weiß nicht so genau 150 Kilo".

Damals schaffte ich es, auf 125 Kilo runterzukommen, nur was ist dann passiert? Der ein oder andere kann es sich denken: Dauerhaft auf Kohlenhydrate zu verzichten, stresst den Körper vor allem beim Sport sehr. Irgendwoher braucht der Körper die Energie. Ich wurde immer schwächer statt stärker und dann hat mich eine lange Erkältung derart aus der Bahn geworfen, dass ich danach keine Lust mehr auf diese falsche Diät hatte.

Diäten sind eigentlich fast immer falsch. Wenn man gesund leben will, muss das Ernährungsmuster gesund sein. Dies habe ich jetzt im Jahr 2024 begriffen und ich möchte dir in diesem Buch zeigen, mit welchen Mitteln und Routinen ich dieses Wissen verinnerlichen konnte.

Natürlich ist nicht alles immer nach Plan gelaufen, das tut es in der Regel nie. Aber auch meine Art mit Rückschlägen umzugehen, hat sich verändert. Begleite mich auf diese Reise voller Niedertracht, Enthusiasmus, Enttäuschung und Belohnung, die Hand in Hand einhergehen wie Ebbe und Flut. Vielleicht kannst du etwas für dich aus meinem Lebensabschnitt mitnehmen.

2. Kapitel
„Erste Versuche, aus dem Loch zu kommen"

Ich wollte schon immer raus aus der Schichtarbeit, damit ich wieder gesünder werde. Der Schlaf war unregelmäßig und wird mit adipösem Gewicht immer schlimmer. Irgendwann stand man nach nicht einmal vier Stunden Schlaf auf, um zur Frühschicht zu fahren und sich dort von Kollegen, Kunden und Dienstleistern verrückt machen zu lassen. Mit wahnsinniger Neugier und auf Empfehlung eines guten Freundes bin ich in der Eisenbahnbranche gelandet, die mich als Quereinsteiger genommen haben, da ich noch keine Erfahrung im Zugbusiness hatte außer dem Zug, den ich genüsslich an meiner Shisha zog.

Der Firma war ich sehr dankbar für diese Chance, aber schnell bemerkte ich, dass die Anforderungen sehr niedrig waren, irgendwann fühlte ich mich nicht mehr dankbar, sondern einfach nur noch geduldet. Aus meiner Euphorie wurde mit der Zeit Niedergeschlagenheit. Ich schob dies aber auf die Schichtarbeit,

die mich mehr als nur mitnahm. Mit 125 Kilo habe
ich in der Firma angefangen und dank regelmäßiger
Bestellaktionen haben viele Kollegen zugenommen.
So auch ich. Eine denkwürdige Szene war es, als im
Büro der Disponenten ausschließlich dicke Menschen
saßen. Ein dünner Wagenmeister saß zu Besuch bei
mir, blickte sich um, und fragte mich: „Sind hier nur
dicke Leute angestellt?". Ich empfand das nicht als lustig, aber dennoch machte ich einen Witz: „Da drüben
ist sogar noch ein bisschen Kuchen über, nimm' ihn
schnell, bevor ich das Stück esse." Diese Szene wurde
zum Running Gag zwischen uns und immer wenn wir
telefonierten, brachte er immer den Kuchen ins Gespräch. Ich fand es lustig und traurig zugleich. „Sorry,
ich wollte dich nicht beim Kuchenessen stören" oder
„Dank deiner Hilfe hast du dir das Stück Kuchen, das
gerade vor dir liegt, auf jeden Fall verdient", waren
die besten Sprüche. In diesem Augenblick im Jahr 2024
finde ich das echt bezeichnend. Wir haben damals
Witze über unsere Gesundheit gemacht und es irgendwie als cool abgestempelt, ungesund zu leben.

Irgendwann wollte ich raus aus der Schichtarbeit,
also bewarb ich mich um eine Stelle als Jahresplaner

für Lok und Personal innerhalb meiner Firma. Das Gespräch im März lief gut, ich hatte mich entsprechend vorbereitet, konnte aber nicht jede Fachfrage beantworten. Aber es wurde Potenzial in mir gesehen. Man würde sich im Laufe der nächsten Woche bei mir melden. Alle bedankten sich fürs Gespräch und zuversichtlich verließ ich das Teams-Meeting. Ich erzählte meinem sozialen Umfeld von dieser positiven Erfahrung.

Ich fuhr glücklich nach Hause und öffnete die Tür. Irgendwas stimmte nicht. Das Licht ging nicht an und in der Wohnung war es mucksmäuschenstill. Irgendwann traf es mich. In meinem Kopf klingelte etwas, das unbedingt aus dem Unterbewusstsein heraus wollte. Der Strom wurde abgestellt. Im überfüllten Briefkasten ein Brief mit dem Betreff „Allerletzte Möglichkeit, einer Abschaltung entgegenzuwirken". Ich rief da an: „Ach, plötzlich melden Sie sich? Komisch… Wir schalten den Strom erst wieder an, wenn Sie den Betrag von 1100 Euro bezahlt haben. Vorher passiert nichts!"

Nie fühlte ich mich einsamer. Heimlich lud ich meine

Powerbank, mein Handy und meinen Laptop in der Firma auf, gegessen wurde mal wieder nur Fertigmüll, den ich in Raviolidosen auf meinem Gasbrenner aufwärmte.

Das Problem verlagerte ich mithilfe eines Firmendarlehens. Der Strom war nach drei Tagen wieder da. Freunden und Familie erzählte ich, dass es bei einer Wartung zu einem Unfall gekommen sei.

Auch das gehört zu meiner Geschichte. Ich schreibe das, um damit abzuschließen, auch wenn andere mein altes Ich so nicht gekannt haben. Da habt ihr die Antwort auf meine finanzielle Unflexibilität. Man muss seine Fehler in der Vergangenheit einfach akzeptieren und das Beste daraus machen.

Mehrere Wochen vergingen ohne Rückmeldung meiner Firma wegen des Jobs, auf den ich mich beworben hatte. Nach vier Wochen hörte ich mal nach, wie es mit dem Stand meiner Bewerbung aussieht. „Sorry Herr Kolosza, wir sind noch in der Selektion, aber es wird nicht mehr lange dauern", war der Tenor der Antworten auf meine Anfragen, die ich in regelmäßigen Abständen an den Recruiter stellte.

Mit der Zeit fühlte ich zersetzenden Abscheu gegen meine eigene Firma. Mein Job an sich und die Schicht setzten mir allmählich zu, alle anderen waren schuld, nur ich nicht, weil ich mich ja bemühte, in eine bessere Stelle zu kommen. Ich fühlte mich nicht geschätzt. Meine Performance wurde immer schlechter. Kollegen klagten zu Recht darüber. An einzelnen Tagen konnte ich mich zwar zur besseren Arbeit zwingen, aber Spaß machte mir das schon lange nicht mehr. Die Eisenbahnbranche ist kaputt. Zumindest in Deutschland. Gefühlt läuft es in jedem Land der Welt besser. Es wurden Züge in Weil am Rhein abgestellt, da sie aufgrund der Verspätung von den Schweizer Kollegen geweigert wurden.

Die Infrastruktur ist brüchig und zwingend sanierbedürftig. Kurzum: Selbst wenn man als einzelnes EVU[1] alles richtig macht in der Planung, sieht die Umsetzung leider immer mies aus. Züge kommen zu spät, Disponenten rennen Arbeitsauflagen und Betriebszentralen hinterher, Züge werden wegen Arbeitszeiter-

---

1   EVU ist die Abkürzung für „Eisenbahnverkehrsunternehmen"

schöpfungen der Lokführer abgestellt und blockieren somit noch mehr Infrastruktur. Stell' du dir mal vor, du gibst auf der Arbeit alles, trotzdem läuft immer irgendwas schief, was deine Bemühungen umsonst macht. So fühlte ich mich immer mehr in meiner Arbeit. Die Schichten sind stressig und ich war nach Feierabend nie in der Lage, irgendwas zu tun, sei es Kochen, mit Freunden treffen, Sport machen. Respekt an alle, die das noch machen wollten. Ehrlich. Ich finde, der Eisenbahn muss die Zukunft gehören. Aber wie Christian Lindner schön sagte: „Wir borgen uns Geld aus der Zukunft für die Krise der Gegenwart."[2] Wenn jetzt nach diesem Leihgeschäft immer noch nicht genug für die Eisenbahn da ist, wo soll dann das Geld herkommen?

Meistens lief ich in meinen Schichten auf Sparflamme. Manchmal machte ich ohne Absprache mit der Obrigkeit einfach Home Office und arbeitete über sechs Stunden der Zeit nicht. Mit meiner Routine und Schnelligkeit bringe ich alles auf den aktuellen Stand

2 Lindner Interview mit Mediengruppe Bayern vom 21.10.22., https://www.bundesfinanzministerium.de/Content/DE/Interviews /2022/2022-10-21-mediengruppe-bayern.html

und weiß meistens über alles Bescheid. Warum also immer alles im Blick haben, wenn ich am Ende alles in einem Bruchteil der Zeit schaffen kann? So kann ich die endliche Ressource Zeit besser nutzen. Aber habe ich das? Wohl kaum. Statt irgendwas für mich und meine Karriere zu machen, konzentrierte ich mich lieber darauf, in TFT[3] zu glänzen oder Sport zu schauen.

Noch immer keine Rückmeldung wegen meiner Bewerbung bis Ende April, ich war so entnervt und enttäuscht. Doch das sollte nicht alles gewesen sein. Ich ziehe sowas an. Wenn mir irgendwas passiert, dann meistens etwas Schlechtes. Das nächste Kapitel enthält den ersten Schlüsselmoment für den Weg in ein besseres Leben.

---

3   Teamfight Tactics (abgekürzt TFT) ist ein Autobattler-Spiel von League of Legends-Publisher Riot Games. Es ist über Computer und Smartphone spielbar.

3. Kapitel
„Der Tag, der mein Leben veränderte"

Am 30.04.2023, einem Sonntag, wurde ich zu einem eSport-Event in Köln eingeladen. Leider musste ich an diesem Tag bis 18:00 Uhr arbeiten, das Event als solches verpasste ich, dennoch wurde ich durch den Hintereingang von zwei Freunden reingelassen. Das Auto parkte ich regelkonform in der Straße bei Saturn.

Hätte ich das lieber mal nicht gemacht.

Auf dem Aftershowevent lernte ich interessante Menschen aus der eSports-Szene kennen, ich werde den Tag auch deswegen nicht vergessen. Es hat Spaß gemacht, sich mit Fachleuten dieser neuen Branche zu unterhalten. Wie verdienen die eigentlich ihr Geld? Wie sind die Leute auf diesen Bereich gekommen? Wie werden Talente entdeckt und gefördert? Was für Anforderungen muss man haben? Diese Fragen werden detailliert auf allen möglichen Plattformen beantwortet, auf diese muss ich jetzt nicht erneut eingehen.

Abends sollte noch bei einem Jungkommentator aus Köln eine Party stattfinden, ich schloss mich dem Trupp einfach an und hatte eine Menge Spaß.

Hätte ich das lieber mal nicht gemacht.

Gesoffen wurde viel. Gesprochen wurde viel. Aber natürlich nicht mit Frauen. War ja zu fett und selbst mit Alkohol zu schüchtern.

Hätte ich das lieber mal nicht gemacht.

Es kam natürlich so nicht in Frage, ins Auto zu steigen und loszufahren. Ich fuhr mit Bahn und Taxi nach Hause und nach ein paar Stunden Schlaf fuhr ich dann mit den Öffis los, um meine Kiste zu holen, denn am nächsten Tag hatte ich schon wieder Frühschicht (ja, Ein-Tag-Wochenenden hat es manchmal tatsächlich so gegeben).

Irgendwas stimmte mit dem Auto nicht. Ich sah einen Zettel an der Frontscheibe und dachte, es handelte sich um ein Knöllchen. „Das darf jetzt nicht wahr sein, ich darf hier doch parken!" war mein Gedanke. Ich wollte einsteigen, da fiel mir auf, dass im Wagen alles durcheinander war. Auf dem Fahrersitz war ein Sixpack Wasser von Aldi, der ganze Boden voller Glas und Krempel. Dann traf es mich wie ein Schlag; in mein Auto ist eingebrochen worden, alle Gegenstände, die einen Wert hatten, waren weg, darunter mein privater Laptop, den man von außen nicht sehen konnte, dazu Tasche, Basketball, Akkuschrauberset, Autoradio. Dazu ist das kleine Fenster auf der Beifahrerseite eingeschlagen worden. Das konnte ich im Leben nicht bezahlen. Mein Finanzthema beschäftigte mich, während ich mit leerem Blick am Auto stand. Das Knöllchen stellte sich als Polizeibrief heraus. Bestimmt stand ich erstmal fünf Minuten konsterniert da rum und wusste nicht was ich tun sollte. Ich rief meine Mutter an. Ich konnte nicht richtig erklären, was passiert ist. Meine Mutter war sehr geduldig und fragte nach Einzelheiten. Dann sagte sie, ich solle zur Polizei gehen.

So bin ich dann zur Polizei gegangen, um Anzeige zu erstatten. Ich muss sagen, die Polizei hat mich an diesem Tag nicht enttäuscht. Sie waren sehr rücksichtsvoll und haben verständnisvoll mit mir kommuniziert. Dann bin ich mit dem Auto nach Hause und konnte die kommenden beiden Tage dankenswerterweise mit Erlaubnis der Obrigkeit im Home Office verbringen. Kostenpunkt für die Reparatur: 400€. Hatte nur eine Haftpflichtversicherung. Danke, Einbrecher.

Zu Hause angekommen, setzte ich mich - wie soll es auch sonst sein - auf die schmutzige durchgelegte Couch und dachte nach. Führte Telefonate. Ich konnte mich auf nichts konzentrieren. Die Dunkelheit brach herein. Draußen und auch im Geiste. Niedergeschlagen wie ‚Die Mannschaft' 2006 gegen Italien bei der WM ging ich zu Bett und konnte nicht schlafen.

22:00 Uhr. Der Hauptstrom meiner Gedanken hatte den Tenor „Wie soll ich das jetzt regeln?" oder „Immerhin sind meine Projekte, die ich in der Cloud gespeichert habe, nicht weg." Manchmal ergriff mich auch komplette Leere, ich fühlte oder dachte nichts mehr, während ich mit den Händen hinterm Kopf an die dunkle Zimmerdecke starrte.

Abends um 23:00 Uhr klingelte mein überteuertes
Samsung Galaxy Fold 3. Eine Rufnummer aus Köln.
Normalerweise würde ich bei unbekannten Nummer
nicht drangehen, weil ich mir aber dachte, dass das
nicht schon wieder ein Gläubiger sein kann, nahm ich
den Anruf entgegen.

Die Polizei war dran.

„Sind Sie Herr Kolosza? Wir haben Ihre vermissten
Gegenstände sichergestellt."

Ich wollte meinen Ohren nicht trauen.

„Wie das? Was ist passiert?"

Langsam bekam ich wieder ein Gefühl. Mein Gesicht
wurde heiß. Der Puls stieg.

„Ihre Sachen wurden bei einer Person festgestellt, die
in der Bahn am heutigen Abend randalierte."

Ich musste laut lachen. „Wie blöd kann man bitte sein?"

Die Polizistin hat sogar ein bisschen mitgelacht, man merkte, dass es sie freut, mich glücklich gemacht zu haben. Ich hatte einen richtigen Lachflash vor Glück und der riesigen Dummheit des Einbrechers.

„Wie geht es jetzt weiter? Wann bekomme ich meine Sachen wieder?" wollte ich wissen.

„Zunächst werden alle Sachen sichergestellt und ausgewertet. Der Einbrecher hat sogar noch mehr Sachen dabei, die womöglich nicht von Ihnen sind. Unsere Aufgabe ist jetzt erstmal die Ermittlung der anderen geschädigten Personen."

„Ok, dies ergibt Sinn. Wird man sich bei mir melden und das weitere Vorgehen abstimmen?" hakte ich weiter nach.

„Ja natürlich, das zuständige Präsidium wird sich bald bei Ihnen melden. Ich wünsche Ihnen einen schönen Abend."

Die gute Laune sollte sogar bis zur Frühschicht andauern, wo ich den Kollegen alles über mein kleines Abenteuer erzählte. Tatsächlich war ich motiviert, obwohl die Arbeit an sich mal wieder nicht befriedigend war. Da ich mein eigenes Glück aber höher einstufte als die schlechten Arbeitsumstände, konnte mir der drölfzigste abgestellte Zug die gute Laune nicht verderben. Ich spürte vor allem eines: Dankbarkeit.

Ein paar Tage später ging es mir etwas besser. Das Auto war repariert und ich bin zu einem Freund in eine andere Stadt zum Fußballgucken gefahren. Auch dieses Ereignis war schicksalhaft.

4. Kapitel
„Gefühle fahren Achterbahn"

Bei meinem Kumpel waren nicht nur er und seine Frau vor Ort, sondern auch seine halbe Handballmannschaft. Wenn ich das gewusst hätte, wäre ich nicht gekommen, weil es mir immer noch bescheiden ging, vor allem hatte ich keine Lust auf so viele Menschen.

Irgendwann fing der erste Handballer zu fragen, wann ich denn zum Training komme.

„Gar nicht", sagte ich, „denn ich habe noch nie Handball gespielt."

„Ist doch egal, du bist groß und kräftig und solche Leute brauchen wir."

Ich hatte dies sowohl als schlechten Witz als auch als ernsten Wunsch aufgenommen. Tatsächlich hatte ich Lust auf Sport. Aus Scham lehnte ich aber ab. Aber irgendwann wurden die Fragen immer mehr. Sie fingen wirklich an zu nerven!

Irgendwann holte ich genervt mein Handy raus und öffnete den Schichtplan. Die Lust auf Sport hat zum Glück gesiegt.

„Nächsten Dienstag kann ich nicht, danach den auch nicht, dann den nächsten auch nicht… aber am 30. Mai, da habe ich frei und kann kommen!"

Sie blickten mich komisch an. Eventuell war es Enttäuschung, weil sie dachten, ich würde sie verarschen. Aber so ist das nun einmal im Schichtdienst. Man hat nicht immer frei, wenn der Normalo frei hat. Sie dachten womöglich, ich wollte mich darüber lustig machen, indem ich einfach Ausreden vorschob. Aber wer mich kennt, weiß, dass ich solche Zusagen zu 99% auch einhalte. Aber die Mannschaft kannte mich nicht. Sie sollte mich schon noch kennenlernen.

Ich bin sehr froh, dass sie damals so penetrant waren.

Mit den ersten Sonnenstrahlen ging es mir mental wieder etwas besser. Ich holte das Fahrrad aus dem Radkeller, machte es fit und fuhr eine kleine Runde.

Es fuhr sich extrem gut für ein fünfzehn Jahre altes Modell und der leichteste war ich nicht.

Dann fuhr ich das erste Mal mit dem Rad an einem sonnigen Tag zur Spätschicht. Vollkommen unvorbereitet ohne Ersatzshirt. „Es sind doch nur sieben Kilometer, die packe ich!"

War das eine Qual. Es war so heiß, dass sich unter meiner Hose starke Hitze entwickelte und auch der Rucksack mit dem Essen ließ mich vor allem am Rücken schwitzen. Zusätzlich war ich diese kleine Distanz einfach nicht gewohnt. Völlig zerstört kam ich nass geschwitzt auf der Arbeit an und hatte keine Wechselwäsche dabei. Zum Glück hat es sich die Obrigkeit an diesem schönen Tag nicht nehmen lassen, Home Office auf der Veranda zu machen. Zwinkersmiley.

Abends nach 22:15 Uhr war es dann kalt und ich fror auf dem Rad fast ein. Immerhin hatte ich Musik, die mich bis nach Hause motivierte. Ab unter die Dusche und dann ins Bett. Es war ein harter Tag.

Am nächsten Tag waren meine Beine vollkommen verhärtet, jeder Schritt tat weh. Weil ich aber beim Handball einigermaßen fit sein wollte, zwang ich mich nochmal aufs Rad. Ersatzwäsche und Pullover dabei, auch Deo war ein Gamechanger. Ich kam noch zerstörter auf der Arbeit an als am Vortag, ich hätte dies nicht für möglich gehalten. Aber abends war mir zum Glück warm. Der Pullover war trotzdem nass.

Mit der Zeit wurde es aber immer besser. Ich war echt stolz auf meinen Fortschritt. Der Weg zur Arbeit fiel mir immer leichter. Ich wurde gleichzeitig immer glücklicher. Auf die Ernährung habe ich zu diesem Zeitpunkt noch nicht geachtet. Ich dachte, ich wüsste schon, was ich tat.

Nach ein paar Wochen, in denen ich mich immer mehr steigern konnte, genauer gesagt am 27.05. erhielt ich einen Brief vom Gericht. Ich soll als Zeuge wegen des Autoeinbruchs aussagen. An sich ist das keine große Sache. Aber dennoch spürte ich die Glücksgefühle „Good Bye!" sagen. Flashbacks. Aufgebrochenes Auto. Die verstreuten Sachen. Die Leere. Der Gestank der Jacke, die der Täter angezogen und dann doch im

Auto gelassen hat. Im Bus hatte ich mich damals fast übergeben. Die fast neue Jacke schmiss ich weg. Im Bus dachte ich, „Wer zum Henker stinkt hier so?!" Wertverlust. Sowohl materiell als auch emotional. Ich kam mir vor wie jemand, der bald seinem Peiniger begegnet. Er drang mit Gewalt in meinen höchstpersönlichen Lebensraum ein. Ich wollte diesem Menschen nicht begegnen. Verzweiflung. Von meinem Glücksgefühl war nichts mehr übrig.

Immer wieder kamen diese Gedanken, dass ich mich bald ausliefere nur wegen einer bescheuerten Zeugenaussage. Dieser Mensch hatte die komplette Kontrolle über mich. Wenn er wollte, konnte er diese Tat immer wieder wiederholen. Ich war ihm ausgeliefert. Stundenlang lag ich auf der kaputten Couch. Ich dachte an mein Geld. Freunde und mein Vater finanzierten die Reparatur. Besteht mein Leben wirklich nur noch daraus, mir Probleme zu schaffen, die von anderen gelöst werden? Wie das mit dem Firmenkredit, mit dem ich meine offene Stromrechnung bezahlt habe? Wie das mit dem Auto? Immer sind andere in die Bresche gesprungen. Ich wäre dazu nie in der Lage gewesen. Das aktuelle Auto hat mir meine Mum geschenkt, nachdem mein altes Auto ausgedient hatte und ich natürlich kein Geld hatte, mir ein neues Auto zu kaufen. Mein Job, den ich hasste, wurde mir nur auf Empfehlung eines Freundes gegeben. Immer mussten es andere richten.

Ich war selbst schuld.

5. Kapitel

„Mindset Revolution"

Aber dann machte es Klick.

> „Du bist so viel mehr wert."[1]

Diese Befreiung. Die Last, die nun keine Last mehr war, sondern Tatendrang. Ausgelöst von einem Verbrecher, dem ein Gedankenfluss voller Selbsterkenntnis folgte. Ich werde mich ändern. Ich werde Sport machen und wenn ich das bis zum Gerichtstermin durchziehe, werde ich gut in Form und deswegen voller Selbstvertrauen sein. Dieses Arschloch kann mich mal. Ich werde durch Sport mentale Kraft aufbauen und mich ihm entgegenstellen. Er wird keine Kontrolle über mich haben. ER wird MICH kennenlernen. Er ist ein ganz armes Würstchen, das in Autos einbricht, während ich doch schon einiges in meinem Leben erreicht habe. Ist meine Umschulung, die ich mit 720 Euro im Monat bestritten habe, nichts wert? Oder meine Hartnäckigkeit, die ich damals beim Arbeitsamt

---

1   (Doc Felix 18.07.2023 https://www.youtube.com/watch?-v=LgHUBeDUM8Y / mir ist bewusst, dass dieses Zitat erst nach dem Sinneswandel passiert ist, aber so in etwa dachte ich es mir wirklich.)

gezeigt habe, damit mir diese Umschulung überhaupt ermöglicht wird? Habe ich nicht schonmal über zwanzig Kilo verloren? Und dieser Penner hat nichts in seinem Leben erreicht, also muss er in Autos einbrechen und Laptops klauen, die er nicht mal verkauft kriegt! Nun begann ich mich intensiver mit Ernährung, SelfCare und Training auseinanderzusetzen. Das erste Handballtraining war natürlich aufgrund meiner Form ein Fiasko, doch mit der Zeit schaffte ich immer mehr, was auch bei dem ein oder anderen Teamkollegen nicht vorbeiging. „Es läuft doch schon viel besser als letzte Woche! Klasse, Dave!" Ich hasse es, Dave genannt zu werden, doch damals hielt ich mich im Zaum. Ich wollte nicht sofort als Spaßverderber gelten, der nicht über sich selbst lachen kann. Dennoch schmeichelte mir das Kompliment.

Irgendwann ging es nicht mehr in die Schulsporthalle, sondern auf einen Ascheplatz, der auf einem kleinen Hügel war. Wir nennen ihn Ahornberg. Wie auch beim ersten Mal zur Arbeit mit dem Rad war ich komplett unvorbereitet. Mit alten, durchgelatschten, unbequemen Schuhen lief ich mir die Lunge aus dem Leib, es war selbst abends noch sehr heiß. Häufig

musste ich Übungen abbrechen oder konnte sie aufgrund meines schmerzenden Knies nicht absolvieren.
Dafür führte ich alternative Übungen durch, zum
Beispiel Liegestütze. Dies imponierte den Co-Trainer
und 1v9-Performer[2] unseres Teams sehr. „Die meisten anderen hätten einfach nichts gemacht, doch du
machst einfach dafür Liegestützen. Diese Mentalität
besitzt nicht jeder."

Saisonvorbereitung ist immer hart. Doch immer wenn
die Schichten es zuließen, fuhr ich auf den Ahornberg,
um zu trainieren. Von Novuria bis zum Trainingsort
waren es 35 Kilometer, dafür habe ich immer 30 Minuten gebraucht. Manche fragten sich, ob ich bekloppt
sei. Immer wenn ich das selbst gefragt wurde, war
die Antwort einfach „Ja, was meinst du, wieso ich das
mache?" Es gab keinen rationalen Grund, warum ich
70 Kilometer fahre, nur um ein bisschen zu laufen. Ich
wollte es einfach und ich fand den sozialen Austausch
echt gut.

Bald gab es Neuigkeiten bezüglich meiner Bewerbung.

---

2   In MOBA-Spielen genutzter Ausdruck. Wenn der Gegner
übermächtig scheint, kann ein 1v9-Performer das Spiel trotzdem allein
gewinnen, auch wenn die Mitspieler nicht ihren besten Tag haben.

Das war im Juni. Erinnerst du dich? Das Gespräch war im März. Zwischenzeitlich habe ich es aufgegeben. Traurigerweise erfuhr ich nicht von meiner Firma, dass ich den Job nicht bekommen hatte. Ich erfuhr es von meinem Freund, der mich damals in die Firma holte und nun bei einem anderen EVU arbeitet.

„Sorry David, dass es mit deiner Bewerbung nichts geworden ist."

„Wie meinst du das? Ich habe bis jetzt nichts gehört."

„Ja, mein Kollege hat sich auch auf diesen Job beworben und hat vor zwei Wochen die Zusage bekommen"

Allmählich wunderte mich in dieser Firma nichts mehr. Ich rief in meiner Ruhe den Recruiter an. Dieser sei im Urlaub, so die Assistenz, was sei denn die Frage. „Wieso erfahre ich nicht von euch, dass ich den angestrebten Job nicht erhalte? Ja, ich weiß, Sie können nichts dafür, aber dass mir jemand von Extern sagt, dass ich den Job nicht bekomme, ist ein absolutes Armutszeugnis. Sorry, dass ich das so sagen muss. Es ist peinlich." Die Assistenzkraft verstand mich sehr gut.

Ihr ergeht es ähnlich. Ich hätte heulen können.

Es wurde aber dann ein sogenanntes Feedbackgespräch vereinbart. Es tut der Firma ja so leid, dabei hätte ich mich gut verkauft, aber leider waren im Wechsel die entscheidenden Parteien im Urlaub oder krank gewesen, sodass sich alles hinauszögerte. Ich ging auf diese fadenscheinigen Ausreden nicht ein. Mir ging es mental viel zu schlecht, um mich mit belanglosen Diskussionen herumzuschlagen. So wartete ich das Gespräch einfach ab. Am Ende wurde mir angeboten, die Abteilung zu wechseln, um mehr Erfahrung für die beworbene Stelle zu sammeln. Ich überlegte einige Tage und mit der Aussicht auf gut 1000 Euro brutto mehr im Monat sagte ich zu.

Ich sagte am 11.Juli zu und natürlich tat sich wieder nichts, ohne dass ich hartnäckig dran blieb. Immer wieder wurden Gespräche abgesagt mit der Begründung, man hat zu viel zu tun oder man ist krank. Selbstverständlich gibt es keine Vertreter. Das Ende vom Lied ist, dass ich erst im März '24 die Abteilung wechseln könnte. Die neue Abteilung ist natürlich auch eine Schichtabteilung. Damit ist das Thema Abteilungswechsel in diesem Buch abgeschlossen.

Um mein Selbstwertgefühl nach dieser Schmach zu steigern und meinen Weg zu einem besseren Leben weiterzugehen, meldete ich mich im Fitnessstudio in meiner Straße an. Mein erstes Ziel war erstmal, eine gesunde Routine mit 3-4 Mal Sport pro Woche zu etablieren. Außerdem wurde in einer Firmen-Email auf einen Firmenlauf in sieben Wochen angekündigt. Sofort war ich Feuer und Flamme und plötzlich hatte ich ein konkretes Ziel, auf das ich hinarbeiten konnte.

Also erstellte mir meine Trainerin einen Plan unter Berücksichtigung aller Schichten sowie dem Handball-training. Ich hatte vorab alle Termine in einem Kalender festgehalten, sie sollte nur festlegen, was ich wann zu tun hatte, damit ich Ende August die Distanz von 5,7 Kilometern packte.

Das Training begann. Zunächst besorgte ich mir anständige Schuhe, ein Paar zum Laufen im Freien, ein weiteres Paar fürs Indoor-Training - sowohl Gym als auch Handball. Auf dem Laufband erreichte ich innerhalb von zwei Wochen die Distanz innerhalb von etwas weniger als einer Stunde. Ich war bereit, meine neuen Skills draußen zu testen.

Es war eine andere Welt. Das Laufen im Freien ist sowas von anstrengender als auf dem Laufband. Mein Vater meinte, dass draußen mehr Luft auf dir lastet. Ich habe bis heute keine Ahnung, ob das wirklich der Grund für diese Leistungsdiskrepanz ist. Es scheint schlüssig. Draußen versuchte ich es mit Intervalllaufen und teilte meine Fortschritte per WhatsApp und Instagram. So entwickelten sich neue Freundschaften, die sonst nie entstanden wären. Dafür bin ich bis dato so dankbar. Mit der Zeit nahm ich auch draußen immer mehr an Leistung zu. Ich wurde immer schlanker. Immer mehr Menschen bemerkten das. Das half meinem Mindset und meinem Selbstbewusstsein immer mehr. Und je besser diese beiden Dinge wurden, desto mehr war ich zu leisten imstande. Es ist das Gegenteil des Teufelskreises; ich nenne es die Glücksspirale nach oben.

Um das Glück perfekt zu machen, erfuhr ich von meinem Bruder und seiner Freundin, dass sie ein Kind erwarten. Ich war so glücklich, wie man es sich vorstellen konnte. Mein neues Mindset, gepaart mit dem

Wissen, dass ich Onkel werde, regte mich zu noch größeren Sprüngen in meiner Persönlichkeitsentwicklung an. Ich beschloss, mich auch intensiver mit der Ernährung auseinanderzusetzen, damit mein Neffe lange Zeit einen coolen Onkel hat, auf den er sich verlassen kann.

Inspiration für sein künftiges Handeln kann überall gefunden werden, man muss es nur lernen. In diesem Fall war es mein ungeborener Neffe, der mich zu einem weiteren Absprung motivierte. Ebenso können es auch kleinere Trigger sein, die einen endlich handeln lassen. Man muss sie nur finden. In meinem Fall war es natürlich leicht. Andererseits und mit anderem Mindset hätte ich auch beschließen können, mein ungesundes Leben noch mehr zu vertiefen, weil ich auch Kinder haben möchte und deswegen eifersüchtig bin. Man hat immer eine Wahl. Entweder man geht den Weg des Kriegers und will das beste aus sich machen oder man wählt den leichten, den Weg der Faulheit und Eifersucht.

6. Kapitel
„Zeugenstand und Konfrontation"

Dank dieser fantastischen neuen Nachrichten begann ich nun, anders über den Täter und den Prozess zu denken. Leider war der Prozesstermin in meinen Nachtschichtblock gelegt, sodass ich um 11:00 Uhr den Wecker stellen musste, um pünktlich um 14:00 Uhr in Köln zu sein. Was ich noch nicht erwähnte war meine Furcht, mit dem Auto linksrheinisch zu parken. Der Einbruch hat definitiv einen Knacks hinterlassen. Dies erklärte ich auch vor Gericht. Aus diesem Grund bin ich mit den öffentlichen Verkehrsmitteln angereist.

Beim geständigen Angeklagten war nichts zu holen, weil obdachlos, das wusste ich schon vorher. Auf dem Weg zum Prozess begann ich über den Täter nach-zudenken. Vielleicht war das ein absolut reuevoller und verzweifelter Kerl, der eine Chance zum schnel-len Geld sah. Es könnte tatsächlich sein, dass ihm die Geschichte leidtut. Ich habe mir schon Plädoyers FÜR den Angeklagten überlegt. Die Gesellschaft schuf ihn so wie er ist. Die Sachen werden immer teurer, alle müssen ihren Lebensstandard senken. Wie soll man als mittelloser Mensch so überleben?

Ihr könnt mich für verrückt halten, ihr hättet ja recht. Ich war immer noch wütend auf den Angeklagten und all das ist keine Rechtfertigung für einen Einbruch in meinen privaten Raum. Dennoch mischte sich ein Tropfen Mitgefühl in mein Hassfass. Der Prozess begann und ich wurde direkt aufgerufen. Ich wurde belehrt, die Wahrheit und nichts als die Wahrheit zu sagen. Das kennt man aus Gerichtsshows. Dann musste ich den Saal wieder verlassen und warten, bis ich aufgerufen würde.

Wenige Minuten später hörte ich jemanden sehr laut und sehr unhöflich sprechen. „Oh mein Gott, das war jetzt nicht der Angeklagte, oder?" Der Angeklagte grölte, was das Zeug hielt. Ich konnte es nicht fassen. So ging es etwa 45 Minuten. Aufgrund der kurzen Nacht war ich sehr müde. Damit ich fit blieb, ging ich im Korridor ständig hin und her. Okay, da mochte auch ein wenig Nervosität mitspielen. Nach zwanzig Minuten fragte ich mich, wann ich denn endlich aufgerufen würde. Ich versuchte, ruhig zu bleiben, aber mit der Zeit wurde es immer schwieriger. Ich wollte am liebsten in den Gerichtssaal rennen und dem Angeklagten eins aufs Maul geben, damit er nicht mehr so rumbrüllt. Endlich drang mein Name aus einem der Lautsprecher am Eingang zum Saal. Ich sammelte mich. Ich trat ein.

Zwischenwort: Weil der Prozess schon eine Weile her ist, kann ich mich nicht mehr zu 100% an den genauen Wortlaut erinnern. Dennoch werde ich versuchen, alles abzubilden, was passiert ist.

Der Richter eröffnete: „Sie sind David Kolosza, 33 Jahre alt und kommen aus Novuria. Ist das richtig?"

„Ja."

„Was sind Sie von Beruf?" Auf diese Frage wollte ich mich kurz halten, weil ich dem Täter nicht mehr Informationen über mich zukommen lassen wollte als unbedingt notwendig war. „Ich bin Disponent."

„Was? Kann der mal lauter reden?" mischte sich der Angeklagte plötzlich ein. Äußerst sympathisch. Ich blickte zum Richter, „Es hat sich noch nie jemand beschwert, dass ich zu leise rede. Verstehen Sie mich gut?"

„Ja, keine Sorge. Sie müssen nicht auf den Angeklagten reagieren."

Der Richter wandte sich nun dem Angeklagten zu, „Der Zeuge ist von Beruf Disponent".

„Was ist denn ein Disponent?" Niemand ging darauf ein.

Wir fuhren fort mit dem Tathergang. Ehrlicherweise konnte und kann ich dazu nichts sagen, weil ich nicht dabei war, jedoch wurde festgehalten, was alles entwendet wurde. „Mein Laptop mit der Tasche wurde gestohlen, dazu noch die Freisprecheinrichtung, die Maus, meine Kopfhörer, mein Autoradio und mein Basketball." „Kommen wir zum Laptop, um welche Marke handelte es sich?" „Um einen Lenovo, der im Angebot etwa 500 € gekostet hat."

„Ja, das war ein Topteil! Es hatte sogar einen USB-

Stick dran!" meldete sich der nette Angeklagte wieder zu Wort. „Das war kein USB-Stick, sondern ein Dongle für die Maus", erklärte ich. In einem nicht gerichtlichen Rahmen hätte ich noch eine Beleidigung angefügt. Der Angeklagte brachte mich immer mehr auf die Palme. Ich wollte einen souveränen Auftritt hinlegen und mir nicht anmerken lassen, dass der Täter mir einst übel mitgespielt hat. Der Richter ermahnte den Angeklagten. Das bisschen Mitgefühl von mir im Vorfeld der Verhandlung war längst Zigaretten holen gegangen.

So ging es die ganze Verhandlung. Ständige Zwischenrufe, mein wachsender Abscheu und Ermahnungen dominierten das Szenario. Eine Szene ist mir noch im Kopf geblieben:

„Die Kosten beliefen sich auf 400 Euro. Wer kommt für den Schaden auf?" wollte der Richter wissen.

„Ich, weil ich nur eine Haftpflichtversicherung habe."

„Ich werde Ihnen alles erstatten!", rief der Angeklagte und seine lachenden Augen straften ihn Lügen. Da ist die ganze Anspannung aus mir ausgebrochen. Ich wandte mich nun vollständig dem Angeklagten zu und schrie ihn beinahe an:

„Wie wollen Sie Mittelloser denn dafür aufkommen? Und bevor ich Ihnen meine Daten gebe, komme ich lieber selbst für den Schaden auf!"

Ich habe mich getraut, meinem Peiniger die Stirn zu bieten. Das war schon ein gewaltiger Schritt in meiner Persönlichkeitsentwicklung, weil ich mich das vor einem Monat nicht getraut hätte. Stattdessen musste ich mich vor Gericht zusammenreißen, damit mir kein Bußgeld aufgebrummt würde.

Am Ende fragte der Richter in die Runde, ob es noch Fragen an mich gäbe. Niemand meldete sich. „Der Angeklagte will nichts sagen? Jetzt, wo er darf? Na gut. Sie sind damit entlassen." sagte der Richter. Am liebsten hätte ich gesagt, dass eine Entschuldigung angebracht wäre. Das tat ich nicht, weil ich mich nicht in Rage reden wollte.

„Darf ich gehen? Ich will vor meiner Schicht noch

etwas schlafen."

„Ja, Sie sind ja entlassen."

Ja mei, man ist halt als Zivilist nicht jeden Tag vor
Gericht. Ich blickte dem Angeklagten in seine mit hän-
genden Tränensäcken bestückten Augen. Er sah weg.
Ich hatte gewonnen.

Vor der Schicht schlafen konnte ich nicht, weil die Wut
immer noch in mir brannte. Ich konnte mich erst während der Schicht beruhigen und wurde müde. Mein
Kollege war so nett und hat bis 03:00 Uhr den Laden
sauber gehalten, so gut es ging. Ich konnte tatsächlich
vier Stunden schlafen. Sein Nickerchen nach dem
Tausch hat er sich verdient.

Das Verfahren wurde eingestellt, wie man mir ein
paar Monate später per Brief mitteilte. Der Brief ist
immer noch bei mir und wird als Lesezeichen und so
etwas wie ein Mahnmal benutzt. Dieser Brief soll mich
immer daran erinnern, dass mein jetziger Weg gut ist
und ich bald wahrhaftig glücklich werde. Jetzt war es
an der Zeit, mich vollständig der gesunden Ernährung
zu widmen.

7. Kapitel
„Wie ernähre ich mich richtig?"

Tatsächlich konnte ich eine verrückte Entschlossenheit entwickeln, die allerdings in manchen Situationen den Bogen überspannte. Ich lernte meine Tage ordentlich zu strukturieren, hatte für Flexibilität aber keinen Platz. Meal Prepping, Training, Gesundheitsstudium auf Youtube, vor allem die Content Creators Doc Felix, Dr Weigl und Coach Stef halfen mir sehr. Ich lege jedem diese Kanäle ans Herz. Die drei Kanäle sind groß und widersprechen sich auch nicht, sondern sind untereinander schlüssig. Coach Stef ist Physiotherapeut und Personal Trainer, desweiteren hatte er mal ein eigenes Fitnessstudio. Er kann also auf einschlägige Erfahrung zum Thema Muskelaufbau verweisen. Doc Felix ist kein Arzt im traditionellen Sinne. Durch seine Präsenz in Social Media will er die Leute für einen gesunden Lebensstil begeistern und gibt vor allem Tipps für die allgemeine Vorbeugung gegen Krankheiten. Kenner nutzen auch den Begriff Prophylaxe. Doc Felix erlangte vor allem durch den Kanal „unbubble" im Format 13 Fragen große Bekanntheit.[1]

1   „#BodyPositivity: Toxischer Hype oder echtes Empowerment? | 13 Fragen | unbubble" https://www.youtube.com/watch?v=h3I1wR

Ich selbst kannte ihn vorher nicht. Wie den meisten anderen Zuschauern tat mir dieser internalisierte Fettfeind (Achtung, maßlose Übertreibung, zu sehen im 13 Fragen-Video bei 16:24) richtig leid. Es hat schon viele Kommentare und Reactions auf dieses Video gegeben. Schaut euch die Reaction von Coach Stef[2] an. Oder KuchenTV[3]. Die bilden meine Meinung sehr gut ab. Dr Weigl rundet diese Gesellschaft gut ab, er arbeitet sogar in meiner Nähe in einer Uniklinik und ist auch als Notarzt aktiv. Seine Videos gefallen mir sehr, weil er ein wenig strenger als Felix ist und auch das braucht es manchmal. Er hat wirklich ein umfangreiches Wissen in der Medizin und im Sport. Besonders sympathisch ist er mir, weil er zeigt, dass man trotz Schichtarbeit ein gesundes Leben führen kann. Er geht in seinen Videos auch auf die Schichtarbeit ein und wie man diese am besten meistert.

2   „Toxische Body Positivity (Fitness Trainer reagiert)" https://www.youtube.com/watch?v=bcRTLjMDUfY
3   „So DUMM wird FETTLEIBIGKEIT mit Bodypositivity verteidigt - Kuchen Talks #773" https://www.youtube.com/watch?v=dlGG-MOUFSl0

Auf Chefkoch.de suchte ich nach eiweißreichen Rezepten und kochte sie zunächst mehr schlecht als recht nach. Besonders hat es mir aber auf schnellesabendessen.com das Rezept „Zarte Hähnchenbrust in cremiger Tomatensauce"[4] angetan.

Mittlerweile beherrsche ich dieses Rezept im Schlaf. Dazu gibt es noch leckeren Reis. Dieses Gericht eignet sich hervorragend für Meal Prep. Einmal zubereitet und schon hat man vier Portionen mit viel Eiweiß und Kohlenhydraten. Meine Routineumstellung hatte aber auch seinen Preis. Da ich mit Überzeugungen meistens sehr stringent umgehe, fiel es mir zunehmend schwerer, mich mit Freunden zu verabreden. Ich wollte mein Programm gnadenlos durchziehen. Die App Yazio half mir sehr dabei, meine Kalorien und anderen Makronährstoffe zu tracken, diese App kann ich jedem empfehlen, der seinen Körper verändern will.

Mein Tag sah meist schichtunabhängig folgendermaßen aus: Zum Frühstück backte ich zwei Brötchen auf, die ich mit Kräuterfrischkäse und/oder körnigem Frischkäse bestrich, außerdem waren Hinterkoch-

4   https://schnellesabendessen.com/haehnchenbrust-in-tomatensauce/

schinken und herkömmlicher Schnittkäse (Gouda, Emmentaler etc) in meinem Repertoire. Dazu kamen noch Tomaten- und/oder Gurkenscheiben mit Pfeffer aufs Brötchen. Vorsicht bei Schnittkäse: Die sind besonders fetthaltig und können die Fettbilanz ruinieren. Ab und zu geht dieser Käse allerdings klar.

Zum Mittagessen gab es meistens Kartoffeln, Spiegeleier und ein schönes englisch gebratenes Steak. Wenn ich das Mittagessen beendet habe, bescheinigte meine Yazio-App bereits 80% der täglich empfohlenen Proteinmenge. Sport machte ich bereits eine Stunde nach dem Frühstück, weil ich merkte, dass dies die beste Zeit für mich ist. Das ist aber bei jedem anders. Ich liebe es einfach, sich nach dem Training richtig satt zu essen. An Spät- oder Nachtschichttagen ging es danach zur Arbeit. In der Frühschicht lässt sich diese Routine natürlich nicht umsetzen.

Zum Abendessen checkte ich immer, was ich noch brauchte und stellte mir die Frage, in welcher Form ich das noch fehlende Eiweiß zu mir nehmen sollte. Meist aß ich Joghurt mit Haferflocken und Tiefkühlobst, super lecker und sättigend und liegt nicht so schwer im

Magen. Das allerwichtigste ist aber, genügend zu trinken und zu schlafen. Vor allem Schlaf ist ein richtiger Booster[5]. Warum das so ist, brauche ich dir jetzt nicht zu erklären, das machen andere, geeignetere Leute. Man ist einfach immer motiviert und ausgeruht.

Wenn das Abendessen nicht reicht, kann man auch noch einen Tomaten-Mozzarella-Salat machen. Ohne Soße, einfach die Tomaten schneiden, das ist quasi die Soße. Das alles noch mit Pfeffer würzen und schon hat man einen echten Leckerbissen, den man sehr kalorienarm verspeisen kann. Adipösen Menschen empfehle ich auch, die Salzzufuhr aufgrund der Gefahr von Bluthochdruck massiv einzuschränken. Es schmeckt trotzdem, versprochen!

Im Nachgang bin ich dieser Entwicklung und Hartnäckigkeit natürlich dankbar, jedoch musste ich einige Freundschaften opfern, um meinem Ziel Traumkörper näherzukommen. Die meisten meiner Freunde motivierten mich aber, immer so weiterzumachen. Sie verstanden es, dass ich meine Zeit erstmal in mich investieren wollte.

5   Booster ist in dem Fall kein Energygetränk, sondern etwas, das ungemein positiven Einfluss hat.

Ich nahm schnell einige „Wasserkilos" ab, was mir sofort ein besseres Körpergefühl gab. Ein paar Leute auf der Arbeit wunderten sich, dass ich ein wenig abgenommen habe. Ein hämischer Kommentar bleibt mir bis heute im Gedächtnis: „Ist ja eh nur Wasser! Höhö!" lachte der Kollege und watschelte mit seinem steinharten Alkoholikerbauch zu seinem Platz.

Da habe ich gelernt, dass die Leute, die negative Gefühle geben, selbst äußerst unzufrieden mit sich sind. Ich lernte, anderen nur noch positive Gefühle zu geben, wenn sie es denn verdienten. Andernfalls würde ich den Mund halten oder konstruktiv kritisieren. Negativität zu äußern begünstigt ein negatives Mindset. Versuch' du es doch mal selber. Zeige Leuten Anerkennung, wenn du meinst, dass sie es verdient haben. Und nimm auch du Anerkennung von anderen an. Die Welt wird ein viel besserer Ort werden, glaub' mir.

Es ist sehr schwer, damit anzufangen. Du könntest es erstmal mit deinem Spiegelbild üben. Es ist dabei egal, worauf du stolz bist. Deine Augen, deine Haare, deine Gesichtsform, dein Mund, deine muskulösen Waden.

> Mach' dir einmal selbst ein ehrliches Kompliment.
> Danach ist es leichter, auch anderen Menschen nette
> Dinge zu sagen. Und irgendwann kommen sie zurück.
> Es ist doch schön, Komplimente zu erhalten, oder?

Zu der Zeit konnte ich mit diesen wenigen negativen
Kommentaren nicht so gut umgehen. Man kennt es
einfach; unter hunderten positiven Kommentaren auf
deinen neuesten Beitrag ist ein bösartiger Kommentar.
Welcher Kommentar beschäftigt dich am meisten?
Für die meisten natürlich der böse Kommentar. Man
muss diese Kommentare ausblenden, weil es überall
diese Idioten gibt. Auch dies ist nicht leicht. Dennoch
ist das meiner Meinung nach ein Skill, den man lernen
muss, wenn man ein erfülltes Leben haben möchte.
Zu der Zeit aber war ich gereizt wie die Königin eines
Märchenlandes, die in einen Spiegel blickt und nicht
sich selbst als die Schönste im ganzen Land sieht.
Alles, was meinem Plan im Wege stand, musste besei-
tigt werden. Für Zeitverschwendung hatte ich - nun
ja - keine Zeit und keine Nerven. Einmal bin ich im
strömenden Regen mit dem Auto zu einem Freund
gefahren, der meine Hilfe brauchte. Als ich bei ihm
zu Hause ankam, war er nicht da. Er meldete sich

auch nicht und ich war richtig wütend, also meldete ich mich auch nicht mehr. Nach zwanzig Minuten des Wartens düste ich also wieder ab. Ich war so kurz davor, zu explodieren. Mittlerweile kann ich darüber lachen. Zu dieser Zeit aber nicht.

Auch mein familiäres Umfeld stellte mich vor große Herausforderungen. Zur Wahrung derer Privatsphären schreibe ich nichts dazu. Das waren alles aber Umstände, die allein gesehen gut zu überstehen sind. Aber all' das passierte auf einmal, sodass ich bei einem langen Spaziergang beschloss, mir professionelle Hilfe zu holen.

Am nächsten Tag fuhr ich zu meiner Ärztin, die mich ansah und mir ein Kompliment machte: „Na sieh einer mal an, Sie werden ja richtig schlank, Herr Kolosza!"

„Danke, Frau Doktor."

„Was kann ich für Sie tun?"

Ich begann alles zu schildern, welche Emotionen auf mich einprasseln und nahm dabei kein Blatt vor dem

Mund. Es war eine Befreiung, darüber zu reden. Ich erzählte von der Arbeit, dem Prozess, die familiären Probleme, meine Sorgen, dass ich mich bald um alle Familienmitglieder kümmern muss.

„Müssen Sie das wirklich?"

„Ja, wer soll es denn sonst machen?"

„Sie müssen erstmal selber mit sich klarkommen, bevor Sie anderen helfen können. Sie haben gerade echt viel Druck. Sie müssen sich davon lösen. Was haben Sie vor, um die Situation zu verbessern?"

„Ich werde demnächst die Abteilung wechseln." Da wusste ich noch nicht, dass es sich bis März ziehen würde. „Außerdem habe ich mir überlegt, eine Therapie zu beginnen. Sie wissen, ich bin allein und kann mit meinen Bezugspersonen nicht sprechen, da sie gerade selber total viel Stress haben. Außerdem steht bald ein Firmenlauf an, an dem ich teilnehmen werde und dafür trainiere ich fleißig."

Sie schien durchaus beeindruckt. Ich wog zu der Zeit

immer noch gut 140 Kilo, aber sah vor allem aufgrund des Sports viel, viel gesünder aus.

„Soll ich Sie für eine Woche krankschreiben? Damit Sie klarkommen? Immerhin ist Schichtarbeit ein Verstärker solcher Emotionen."

„Ich habe nicht das Gefühl, dass mir eine Auszeit hilft. Mein Hauptproblem wird so nicht gelöst. Ich brauche definitiv Hilfe und die erhalte ich nicht, wenn ich tatenlos zu Hause rumsitze. Ausnahmsweise ist es nicht die Arbeit, die mein Nervenkostüm ansägt."

„Ich werde Ihnen eine Liste mit Therapeutenkontakten geben. Nehmen Sie sich am besten eine Stunde Zeit, diese Liste abzutelefonieren."

Also fuhr ich mit der Liste nach Hause, Zeit hatte ich nicht. Ich musste zur Arbeit. Zwei Personen eröffnete ich, dass ich eine Therapie anstrebe. Ich muss sagen, sie haben dicht gehalten. Menschen für vertrauenswürdig zu halten ist nicht leicht, aber ich wollte, dass wenigstens mein Lieblingskollege und mein Teamleiter von meinen Absichten erfahren.

Leider sind psychische Erkrankungen immer noch ein Tabuthema auf der Arbeit, das habe ich auch in meiner Firma gespürt. Man gilt als schwach und wenn man sich dann intern anderweitig bewirbt, gilt man als zu gefährdet für die neue Stelle. Das darf einfach nicht sein.

Meine neue Energie, auch wenn die Zeit gerade hart war, setzte ich vor allem in die Entwicklung einiger Exceltools, die Arbeitsschritte massiv vereinfachen würden. Ja, für bestimmte Kundenmails nutzte ich einfach ChatGPT, weil sie mir auf die Nerven gingen und ich mich nicht mit denen abgeben wollte. Aber selbst diese richtig geile Künstliche Intelligenz kann nicht aus verschiedenen Bausteinen, deren Parameter sich ständig änderten, schlüssige Kundenbenachrichtigungen generieren.

Also generierte ich eine Exceltabelle, die Zugnummer, Zugrelation, eine Begründung, Zeitparameter etc beinhaltete. Früher musste man den Text immer selber schreiben oder copypasten. Trotzdem musste meistens die Zugnummer, der Verkehrstag etc geändert werden. Jetzt tippt man einfach nur die Zugnummer,

den Start- und Zielbahnhof sowie die Verspätungs-
begründung ein, anschließend passt man noch ein
paar Uhrzeiten an und schon ist die Meldung fertig
und bereit zum copypasten. Diese Tabelle entwickelte
ich weiter. Ein Dropdownmenü mit den gängigsten
Verspätungsgründen zum Beispiel (Gleisbauarbeiten,
Streckensperreung etc.). Das vereinfachte die Arbeit
enorm und manche Kollegen arbeiten noch heute damit. Ich auch, wenn ich wieder mal Schicht habe. Dazu
kamen noch andere Projekte. Irgendwann sagte ein
Kollege, „Warum machst du nichts in der Richtung?
Ich habe dich selten mit so einem Spaß bei der Arbeit
gesehen." Mein Kollege wusste zu diesem Zeitpunkt
noch nicht, dass ich die Abteilung wechseln würde,
also wisch ich der Antwort aus. Trotzdem nahm ich
mir das Kompliment irgendwann zu Herzen, aber
dazu kommen wir noch, versprochen.

Allerdings gab es auch ein paar Kollegen, die meine
Excel gar nicht nutzten.
„Was soll ich denn damit?"

„Diese Excel verbessert dein Leben, weil…", doch zur
Begründung kam ich nicht.

„Dass etwas auf der Arbeit, das DU entwickelt hast, mein Leben verbessert, wage ich zu bezweifeln."

Das saß, Bro. Ich spürte Undankbarkeit, aber nach Zuspruch von weiteren Kollegen begriff ich, dass ich es nicht allen recht machen konnte. Dennoch wuchs meine Wut auf die Firma weiter. Wieso wollte keiner mein Potenzial sehen, das ich ohne Zweifel mitbringe? Wieso werde ich nicht befördert, obwohl ich mich gut auf die Bewerbungsgespräche vorbereitete? Scheitert es wirklich nur daran, dass ich zu wenig Erfahrung habe oder mir bei einem Probetag nicht alles mögliche aufgeschrieben hab, weil ich bestimmte Prozesse schon kannte? Ich hatte die ganze Zeit schon im Gefühl, dass ich einfach nicht wertgeschätzt wurde und nur die Versetzung in die andere Abteilung bekam, damit ich Ruhe gab. Aber auch in der neuen Abteilung würde ich im Schichtsystem arbeiten. Das war nicht das, was ich wollte. Absolut überhaupt nicht.

Ende August hatte ich dann endlich Urlaub und an einem Donnerstag sollte endlich der Firmenlauf starten. Am Montag kratzte mir der Hals.

8. Kapitel
„So wie du jetzt dieses Buch liest, bist du das Ergebnis deiner Routinen"

Das Training ruhte. Mist. Dabei war ich so umsichtig mit mir und meinem Körper. Ich schonte mich. Bestellte Lebensmittel über den teuren Lieferservice und viel Wasser. Getrunken habe ich 5-6 Liter pro Tag. Honig. Ingwer. Bitte David, du darfst nicht krank werden. Du hast so große Töne gespuckt auf der Arbeit. Du hast dir sogar Rivalen gesucht, die du getrashtalkt hast, auch wenn die das gar nicht wollten. Ich fand es witzig und noch heute lache ich darüber. Dann kann ich doch nicht einfach so krank werden!

Der Dienstag brach an. Laufende Nase, leichter Husten. Noch mehr Schonung. Bitte, bitte Körper, werde endlich wieder gesund. Komm' schon! Doch je weiter die Zeit voranschritt, desto kränker wurde ich. Argh! Gefühlt lief mein ganzes Leben auf diesen Donnerstag zu und damit zu enden. Es war keine leichte Zeit. Wochenlang hatte ich mich vorbereitet. Immer mehr Fortschritte gesehen. Außerdem stand samstags das erste Spiel in meiner Handballkarriere an. Beim Handball war ich längst nicht mehr der am wenigsten fitte. Ich hatte Hoffnung, vielleicht die eine oder andere Minute Spielzeit zu erhalten. Auf der Arbeit machten mir immer mehr Leute Komplimente. Es war krass, wie schnell das mit den Komplimenten doch gegangen war. Trotzdem hing ich auf meiner kaputten und durchgelegten Couch ab und kämpfte mit mir.

Der Mittwoch brach an und da war klar, dass ich es nicht schaffen würde, rechtzeitig wieder fit zu werden. Niedergeschmettert fuhr ich zu meiner Ärztin.

„Herr Kolosza, was kann ich für Sie tun?"

„Ich habe Halsschmerzen, meine Nase läuft und ich huste trocken. Dabei habe ich Urlaub und morgen ist der Firmenlauf."

„Oh nein, Sie haben doch so viel dafür trainiert! Bei wie viel Kilo sind Sie jetzt?"

„Bei 135,8 Kilo."

„Alle Achtung! Aber während Sie krank sind, bitte kein Kaloriendefizit haben. Wenn Sie sich wieder fit fühlen, können Sie ruhig wieder defizitär essen."

Ohne viel Federlesen schrieb sie mich krank. Ich mag meine Ärztin immer noch sehr.

Das Spiel am Samstag verpasste ich natürlich auch, aber nicht nur aufgrund meiner Krankheit. Ich hatte zusätzlich auch keine Spielerlaubnis. War dann egal. Mein Team hat den Gegner rasiert.

Aufgrund einer immensen Rückzahlung meiner Stromgesellschaft konnte ich spontan verreisen. Ich schaute nach günstigen Sommerurlauben, aber die Aussicht auf zu enge Flugzeugsitze und das ständige Aufpassen meiner Sachen am Pool während des Badens ließ mich meine Planung gen Norden lenken. Spontan ist die Bahn wirklich extrem teuer, vor allem, wenn man Erste Klasse fährt. „Du hast doch Geldprobleme, wieso fährst du Erste Klasse?!" magst du mir jetzt vielleicht am liebsten zubrüllen. Irgendwo hättest du Recht. Aber ich verreise wirklich selten und die zwanzig Euronen mehr machen den Braten auch nicht fettig. Ich buchte also eine Reise nach Flensburg, wo ich ein paar befreundete Arbeitskollegen besuchen wollte. Dazu habe ich mir für ca. 60 Euro pro Tag ein Ferienzimmer genommen, der Aldi Nord war in direkter Umgebung. Ich würde von Montag bis Samstag bleiben. Ein Freund lieh mir sein Fahrrad, sodass ich mit dem Rad nach Dänemark fahren und unsere dänische Zweigstelle besuchen konnte. Meine Güte, war der Sitz hart, doch ich schaffte es. Leider schaffte ich es auch, einer Bergab-Versuchung nicht zu widerstehen. Zwei Minuten steil bergab mit freier Sicht ist schon etwas geiles. Der Umweg über zwanzig Minuten aber nicht.

Ansonsten bin ich mit der Fähre bis Glücksburg gefahren, der nördlichsten Stadt Deutschlands. Es war windig und sonnig, zum Glück hatte ich mich gut eingepackt. Auf dem Weg sah ich das Schloss der Marineschule Mürwik. Es erinnert mich stark an die Universität aus den Pokémonspielen Karmesin und Purpur. Einfach ein großartiges Bauwerk. Ich beschloss, während meines Aufenthalts diese Schule einmal zu besuchen und echt coole Bilder zu machen.

Die malerische Hafenstadt hatte eine einladende Wirkung. Ich konnte in dieser Stadt wieder durchatmen und den ganzen Ballast loswerden. Diese Reise hatte etwas Heilsames. Ich konnte viel nachdenken, sei es in der Natur, am Hafen oder bei einem ausgedehnten Spaziergang im Wald. Mit der Zeit bemerkte ich, wie ich gesund und viel ruhiger wurde. Am Donnerstag, also am vierten Tag meines Aufenthalts, war ich endlich wieder in der Lage zu joggen. Ich hatte in einer Woche nichts verlernt. Es fühlte sich großartig an. Ich fühlte mich großartig. Alles war perfekt. Ich war so glücklich dort. Der Besuch an der Marineschule fiel leider aus, weil nur Marineleute und deren Familien das Gelände betreten durften, erklärte mir der Wachmann. Immerhin hatte ich es versucht. Schade, dass es nicht klappte.

Meine Routinen trugen allmählich Früchte. Damals hatte ich ständig Coach Stef im Kopf, der in etlichen Videos sagte: „So wie du jetzt auf der Couch sitzt, bist du das Ergebnis deiner Routinen." Dieser schlichte Satz bewirkte so viel in mir. Er hatte so recht. Meine Routinen bis Mai 2023 bestanden zum größten Teil aus Essen, Chillen, Zocken. Deswegen wog ich über 150

Kilo. Mit den neuen Routinen passte sich der Körper nach und den neuen Bedingungen an. Leider wird die alte Routine nicht sofort nach Start einer neuen Routine vom Körper rausgeworfen wie die deutschen Fußballer bei jedem internationalen Turnier in der Gruppenphase. Man muss sich ins Finale spielen und gewinnen, dann hat man schon viel erreicht. Anders wäre es auch nicht so spannend.

Wieder zurück in Novuria begann ich mich schon wieder zurück in den Norden zu sehnen. Nicht, weil irgendwas passiert war, sondern weil ich diese großartige Region sehr vermisse. In meinem Bundesland gibt es sowas in dieser Kombination nicht. Das Training lief immer besser, bald hatte ich eine gesunde Routine aus Sport, Arbeit, Ernährung und tatsächlich Schlaf. Der wurde mit sinkendem Gewicht und Blutdruck immer besser. Mental hatte ich mich noch nicht erholt. Ich telefonierte zwischenzeitlich die komplette Therapeutenliste ab und kam bislang nur auf eine Warteliste. Auf einen Rückruf warte ich bis heute.

Ich klammerte mich ans einzige, was lief: Meiner gesundheitlichen Entwicklung. Es dauerte nicht mehr lange, bis ich überraschenderweise das erste Mal von Beginn an für meinen Verein Handball spielen durfte. Der Gegner hatte gar keine Lust auf mich. Dafür ich aber auf den Gegner! In meinem allerersten Spiel warf ich acht Leute zu Boden, ohne eine Strafe zu erhalten. Das muss ein Wunder gewesen sein. Aber der Schiri dachte sich einfach „Was laufen die auch in diesen Schrank rein". Ich hatte sogar die Chance auf ein Tor, nach einem wunderbaren Zuspiel konnte ich den Ball festmachen, mich am Kreis umdrehen und aus halb-rechter Position im Fallen den Ball am Torwart vorbei werfen - doch er sprang an den Pfosten. Es gibt davon sogar ein Video. Ich war ein wenig geknickt, aber verteidigte weiter wie ein Berserker. Das Spiel wurde deutlich gewonnen und unser Ziel Aufstieg war im-mer noch möglich!

Leider erwischte es im Oktober unser Team schwer. Viele langfristige Verletzungen von unseren Topspie-lern ließen uns zwar noch das ein oder andere Spiel gewinnen, doch unsere Bank wurde immer dünner, bis wir schließlich gegen den Tabellenzweiten mit 11:30 untergingen. Ich spielte 58 Minuten, aber sah nie eine Schnitte. Irgendwann war ich so frustriert, weil ein richtig wendiger 1v9-Performer mit Leichtfüßigkeit an mir vorbeiging, indem er mich zum wiederholten Male hat aussteigen lassen. Bei einem Mal riss mir der Geduldsfaden und ich packte ihn von hinten, hob ihn an und warf ihn zu Boden. Liest sich schlimmer als es war, aber diese Kunststückchen ließ er daraufhin bleiben. Die Zwei-Minuten-Strafe war verdient. Verloren haben wir dennoch sehr deutlich.

Mitte Oktober war ich auf eine Hochzeit als Trauzeuge eingeladen. Eine Woche vor der Hochzeit fragte mich die Braut, ob ich tags zuvor helfen kommen würde, um alles aufzubauen. Ich lehnte ab, weil ich einen Termin bei einer sehr gefragten Masseurin an diesem Tag ergattern konnte, desweiteren stand Training auf dem Plan. Die Braut hat voll einen auf Drama gemacht von wegen, dass sei deren wichtigster Tag im Leben. Warum denn mein Training wichtiger ist. Ich dachte mir nur, „das ist der wichtigste Tag in EUREM Leben, aber nicht meiner." Geschrieben habe ich tatsächlich, dass wenn der Tag so wichtig wäre, warum ich erst sechs Tage vorher gefragt wurde. Dem Bräutigam habe ich meine Sichtweise dargelegt und die Sache war für mich erledigt.

Beim Massagetermin sagte die Physiotherapeutin: „Ich bin sehr stolz auf dich, dass du dich nicht mehr so für andere verbiegst."

Ich hatte gelernt, auch mal „nein!" zu sagen. Dies ist ein weiterer Stein, der meinen Weg zu einem besseren Leben ebnet. Es ist ein Stein, weil ein Stein schwer ist. Und diese Selbsterkenntnis zu besitzen, lässt mich den Stein von meinem Rücken nehmen und damit den Weg ebnen. Mein Rücken fühlt sich viel leichter an und der Weg ist stabil.

Zur Hochzeit musste ich trotzdem. Ich wollte das nicht. Und auch mein Auto nicht, dessen Motorkontrollleuchte auf der Autobahn plötzlich aufleuchtete.

9. Kapitel
„Wenn du dein Verhalten änderst, wandelt sich automatisch dein Umfeld"

„Nein, nein, nein, nein, nein! Nicht schon wieder!"
Es war nicht mein erstes Auto, das plötzlich kaputt
war. Von der Polizei wurde ich ein bisschen weiterge-
schubst, da stand ich dann mit der Karre auf einer Verkehrsinsel und konnte nicht weg. Ich als Trauzeuge
rief den Bräutigam an und schilderte, was passiert ist.
Ich solle das Auto weiterschieben. Ich war auf einer
Bundesstraße, da ist nichts mit wegschieben. Gut, der
Kollege ist im Stress. Ich auch. Ich wollte wenigstens
nur noch einmal die Fassade oben halten, damit mein
Freund einen schönen Tag hat. So verblieb ich dann
auf der Verkehrsinsel und trank alleine die drei Dosen
Bier, die eigentlich zur Beruhigung des Bräutigams
gebraucht wurden. Das war mir egal, ich trank sie
einfach.

Ich hatte mal wieder viel Zeit zum Nachdenken. Mist,
schon wieder ein Auto kaputt. Aber ist das wirklich
so schlimm? Wenn es trocken war, bin ich sowieso mit

dem Rad zur Arbeit gefahren. Wenn ich Spätschicht oder Nachtschicht hatte, war Training eh nicht möglich, andernfalls könnte ich mit den Öffis fahren und währenddessen zocken. Außerdem musste ich dann nicht mehr irgendwohin, um irgendwas zu schleppen oder auf jemanden aufzupassen. Ich sah also durchaus Vorteile darin, kein Auto mehr zu haben. Auf der völlig improvisierten Hochzeitsrede war ich komplett hackedicht. Schon vorher habe ich in der Nähe ein Hotel gebucht, wo ich das Auto eigentlich hinfahren wollte. Ich hatte mir also vorgenommen, richtig blau zu werden, damit ich das irgendwie ertrage. Denn schon vor der Panne war mir klar, dass ich den Kontakt abbrechen will. Unsere Leben passten nicht zueinander. Da ist das verheiratete Paar mit Kind und einer Menge Snacks und Süßigkeiten zu Hause, die sich gegenseitig bremsen statt zu motivieren.

Mir werfe ich vor, das nicht offen kommuniziert zu haben. Ich wollte sie ghosten. Ganz bewusst. Den Kontakt ausklingen lassen. Meinem Freund habe ich noch geantwortet, der Frau aber nicht mehr. Da mein Freund sich aufgrund seines Charakters eh nicht melden würde, sah ich dies als eleganteste Methode. Diese

Scharade habe ich sechs Wochen durchgezogen.

Ohne Auto hieß es, sich warm anzuziehen. Ich brauchte neue Kleidung. 123 Kilo zeigte die Waage an, als ich mich zur Shoppingtour begab. Es war eine Erleichterung, endlich wieder eine große Auswahl in den Bekleidungsgeschäften zu haben! Ich konnte dies anprobieren, ich konnte das anziehen… Früher war ich froh, wenn mir ein Teil irgendwie gepasst hat und das habe ich gekauft. Den Onlinehandel mag ich nicht, stattdessen gehe ich lieber in die Läden und erreiche so nebenbei meine täglichen Bewegungsziele. Wenn ich aber etwas in den normalen Geschäften nicht bekomme, dann muss es natürlich bestellt werden. Aber nicht an diesem Tag! Ich kaufte eine Fahrradhose, Laufshirt, Sturmhaube fürs Fahrradfahren, denn es wurde tatsächlich vor allem nach Sonnenuntergang sehr kalt. Und die haben mir in Größe L gepasst! L trage ich heute auch noch, aber ich wiege sogar noch weniger, wie dir der Buchtitel schon verrät.

Früher haben es die Leute in der Bahn vermieden, sich neben mich zu setzen. Ich habe mich auch nicht getraut, mich neben jemanden zu setzen. Ich wollte niemanden mit meiner Fettheit belästigen. Aber nun war ich kein Fettsack mehr, sondern hatte eine stattliche Figur erreicht! In der Bahn konnte ich mich locker neben jemanden hinsetzen, und umgekehrt auch. Jedes Mal, wenn ich das selbst heute noch erlebe, muss ich meine Glückstränen zurückhalten. Vielleicht lasse ich sie irgendwann raus, selbst wenn mich die Leute für bekloppt halten!

Voller Stolz fuhr ich mit den neuen Schätzen nach Hause und fotografierte mich in jedem erworbenen Teil ab. Die Resonanz in Social Media war überwältigend. Positive Kommentare so weit das Auge reicht. Man erlebt hautnah die langwierige Geburt eines neuen Menschen mit. Das Training lief wie am Schnürchen. Inzwischen liebte ich Sport so sehr, dass ich jeden Tag entweder laufen oder ins Training ging. Irgendwann traf ich den Entschluss, den Sperrmüllservice zu bestellen. Relativ zeitnah hatte ich einen Termin. Die mutwillige und symbolische Zerstörung der kaputten sowie dreckigen Couch war ein echtes Signal für meinen Kopf!

Nach dem zehnten Trainingstag in Folge offenbarte

sich mir aber eine Prüfung, mit der ich nicht rechnete. Als ich abends nach dem Training mit den Öffis nach Hause fuhr, hatte ich Hunger, also aß ich, bis ich satt war. Die Yazio-App zeigte mir dennoch noch zu verbrauchende 1600 kcal an. Morgens war ich im Lauftraining, abends hatte ich Handball. Deswegen verbrannte mein Körper einiges. Also taute ich ein Steak auf, briet es mit zwei Spiegeleiern und ließ es mir um Mitternacht nochmal so richtig schmecken. Dabei war ich schon nach dem ersten Abendessen pappsatt, was ich mir sogar vorbereitet hatte. Die Rechnung sollte kommen.

10. Kapitel
„‚Nicht alle lassen sich ein Organ entnehmen, nur um nicht arbeiten zu müssen!'"

Um 04:00 Uhr wachte ich mit Bauchschmerzen auf. „Jep, du hast dich überfressen, David", sagte ich mir. Der Toilettengang brachte nichts ein, also legte ich mich nochmal hin und schlief zum Glück wieder ein.

Ein paar Stunden später ging es mir wieder gut, frühstücken konnte ich mangels Appetit nicht. Dies war für mich nach der letzten Nacht nachvollziehbar. Das Essen für die Arbeit bereitete ich vor und ignorierte die Meldungen, dass es am Abend stark regnen würde. Ich fuhr auf dem Fahrrad los und kam trocken auf der Arbeit an. Mit der Zeit stieg aber ein Unwohlsein an. Ich litt unter Verstopfung. Nicht cool. Ständig dachte ich, es kommt endlich mal was raus, dennoch wurde ich immer enttäuscht. Dazu kam jetzt doch der Hunger. Ich aß. Es wollte immer noch nichts raus! Völlig gerädert mit dem Rad nach Hause, es hat geschüttet wie es der griechische Gott Poseidon in der Odysseus-Sage getan hat. Ich kämpfte mich durch

äußere und innere Widerstände und kam völlig platt
zu Hause an und konnte endlich auf die Toilette. Ich
duschte anschließend und zog mir trockene Kleidung
an. Ich war trotz der Schwere in meinem Körper stolz
auf mich, dass ich es unter diesen widrigen Bedingungen nach Hause geschafft habe. Der nächste Tag kann
kommen! Nur wenige Augenblicke im Bett verdeutlichen mir, dass es mir absolut nicht gut ging. Die
Schmerzen waren wieder da. Diesmal schlimmer. Ich
krümmte mich vor Qual im Bett, es war mitten in der
Nacht, ich konnte niemanden anrufen. Eine Ibo sollte ich noch haben, dachte ich mir. Mit der Einnahme
ging es mir tatsächlich besser und ich konnte endlich
schlafen.

Am Donnerstagmorgen war der Schmerz wieder weg,
ich setzte mich auf meinen Sessel. Es war 10:00 Uhr.
Dann war es 10:30 Uhr. Ich hatte in dieser Zeit nichts
gemacht, weder gefrühstückt, noch getrunken, noch
den Fernseher angemacht, noch auf dem Handy gespielt. Ich war paralysiert. Komplett. Ich konnte mich
nicht bewegen. So ein Gefühl hatte ich noch nie. „Ich
muss gleich zur Arbeit.", dachte ich, doch mein Unterbewusstsein erwiderte, "du weißt ganz genau, dass

du nicht zur Arbeit kannst. Du hast kein Auto, dir geht es schlecht und es wird den ganzen Tag regnen. Auch Home Office ist keine Option, dein Laptop ist auf der Arbeit." Ich schrieb meinem Chef und meiner Chefin eine Mail, dass ich für diesen Tag raus war. Ein paar Minuten später meldete sich mein Chef per Privatmessenger: „Dann wird dein Kollege wohl heute alleine arbeiten müssen…". Diese schlichte Nachricht hat großen Einfluss auf das Leben, das ich heute führe. Ich fühlte mich leer und doch voller Zorn. Im nächsten Augenblick war es mir wieder egal. Dann kam die Leere und dann der Zorn wieder. Eine Antwort auf diese Unverschämtheit hat mein Chef nie erhalten. Da will man mir ein schlechtes Gewissen machen, weil ich krank bin. Alle in meinem Umkreis meinen, dass da eindeutig eine Grenze überschritten wurde und dass dies ein Fall für Betriebsrat und Personalabteilung wäre. Da ich meinen Chef auch wegen seiner Eigenheiten mochte, ließ ich diese zusätzlichen Belastungen bleiben.

In der kommenden Nacht brauchte ich schon zwei Ibos, damit ich einschlafen konnte. In der Nacht auf Samstag waren es zwei. In der Nacht auf Sonntag, abends am 11.11., übergab ich mich. Zwei Tage habe ich kaum etwas gegessen. Kurz zuvor schluckte ich eine Ibo. Die Schmerzen waren nicht mehr auszuhalten. Ich konnte wieder ruhig sitzen, noch auf der Seite liegen und wenn ich auf dem Rücken lag, wurde mir schlecht. Ich rief meine Mum an und wollte wissen, ob ich einfach noch eine Ibo nehmen solle. "Bist du verrückt?! Du rufst jetzt einen Notarzt und wenn dieser nicht sofort kann, rufst du einen Rettungswagen!"

Die Hotline für den Notarztservice ist anstrengend für jemanden, der unter Qualen schildern muss, dass man Schmerzen hat und dann noch 100 ja oder nein-Fragen beantworten muss. Ich schaffte es aber. „Es wird sich gleich ein Notarzt bei Ihnen melden, Herr Kolosza. Bitte seien Sie erreichbar und machen das Handy laut. Gute Besserung!"

Nach fünfzehn Minuten rief immer noch keiner an. Ich rief nochmal die Hotline an. „Ich gebe der Ärztin nochmal Bescheid." Das alles unter unvorstellbaren Schmerzen. Nicht mal die Eltern von Neville Longbottom haben so gelitten[1] wie ich. Doch ich hielt es noch

1   In Harry Potter IV erfahren wir, dass Nevilles Eltern von den Anhängern Lord Voldemorts in den Wahnsinn gefoltert wurden.

ein bisschen aus. Ich übergab mich erneut. Dann rief endlich die Ärztin an. Sie sei in anderthalb Stunden da.

„Du rufst jetzt einen RTW! Ich würde selber kommen und dich fahren, aber ich kann jetzt nicht mehr fahren, weil ich ein Glas Wein getrunken habe und in der Nässe und der Dunkelheit ist mir das zu gefährlich!" Meine Mum trinkt fast nie. Also rief ich den Rettungsdienst. Sie kamen zum Glück nach fünf Minuten. EKG gemacht, ich konnte nicht mehr sitzen, Werte in Ordnung, sogar gute Werte. Liegen ging gar nicht. Ich packte ein paar Sachen und schämte mich zu der Zeit, dass meine Wohnung immer noch aussah, als hätte eine Bombe eingeschlagen. Alles voller Staub. Doch den Scham musste ich abschütteln. Ich brauchte Sachen. Zwei Shirts, ein paar Unterhosen und Ladekabel eingesteckt fürs Handy. Die Fahrt ins nächste geeignete Krankenhaus dauerte faktisch fünfzehn Minuten, doch mir kam es aufgrund der immer noch anhaltenden Schmerzen und der Übelkeit viel länger vor. Ich verfluchte die Kreisverkehre, die rund um Novuria auf den Landstraßen gebaut wurden und erbrach mich erneut.

Die Rettungssanitäter waren top. Keine unnötigen Fragen gestellt, ich fühlte mich verstanden. Um mich abzulenken, erzählte ich immer, wenn es ging, meine Geschichte. Dass ich inzwischen bei 27 abgenommenen Kilos und es auch zu keiner Magen-OP gekommen sei. Das wurde ich nämlich häufig gefragt. Als ob man nicht abnehmen könne ohne eine Magenoperation. Ich entgegnete immer etwas gekränkt: „Ich bin doch kein Cheater!"

Tatsächlich wurde ich die ganze Zeit gefragt, wie stark die Schmerzen auf einer Skala von 1-10 waren. Zum Zeitpunkt der Fahrt habe ich die Skala bei 7-8 angegeben. Ich habe mir überlegt, was wohl eine Zehn wäre. Ständige Tritte in den Schritt fielen mir ein oder aber einfach die Folter an der Streckbank. So schlimm war es denke ich mal nicht, trotzdem litt ich über mehrere Stunden Qualen, ich habe zu diesem Zeitpunkt gut 48 Stunden nicht mehr geschlafen und davor auch schon nicht mehr gut.

Endlich kamen wir im Krankenhaus an. Kaum eine Stunde später würde ich mir wünschen, die Fahrt würde weiter andauern.

Ich nahm zunächst im Wartezimmer Platz. Es war 23:15 Uhr. Zum Glück war es nicht, wie ich fürchtete, voll von Schnapsleichen. Ich wurde in ein Arztzimmer gerufen, wo von einer Ärztin, deren Deutsch leider nicht so sicher war, ein weiteres EKG gemacht wurde. Ich muss sagen, mir ging es besser, wenn gerade eine Behandlung durchgeführt wurde. Dann wurde ich ins Aufnahmezimmer gebracht. Es war bitterlich kalt. Ich hatte nur eine Laufjacke dabei, Decken gab es aufgrund der hohen Fluktuation der Patienten in der Notaufnahme nicht. Die Schmerzen wurden wieder stärker. Nach einer Stunde wurde ein CT gemacht. Dafür musste ich die Arme über den Kopf strecken, was unfassbare Schmerzen im Bauch auslöste. Ich hielt durch und musste auch noch ruhig liegen bleiben, damit die Schmerzen nicht für die Katz' waren. Die Müdigkeit ließ meine Gedanken wirr und verrückt werden. Dazu die Schmerzen, die mich periodisch in kurzen Zeitabständen packten.

Endlich war das CT durch. Ich wurde zurück ins Notaufnahmezimmer gefahren, die Schmerzen ließen mich gegen Wände schlagen, ich kratzte sogar mein Gesicht auf, an meinen Handknöcheln floss Blut die

Hand runter. Ich schrie. Schließlich wurde mir ein Schmerzmittel gegeben, das wurde allerhöchste Zeit. Die Schmerzen nahmen ab, aber verschwanden nicht. Es war dennoch eine willkommene Pause.

Nach einer weiteren Stunde kam ein weiterer Arzt rein, der zum Glück der deutschen Sprache mächtig war und wo ich sicher war, dass er mich verstand und auch Fragen beantworten konnte. Ich wiederholte die Antworten auf die immer gleichen Fragen („Wird hier eigentlich irgendwo erfasst, was ich sage?", dachte ich häufig) und ließ eine nicht so schlimme Ultraschalluntersuchung über mich ergehen.

„Was macht mein Magen?"
„Sieht normal aus."
„Wieso habe ich dann solche Schmerzen?"

Keine Antwort. Irgendwas stimmte nicht. Dann schaute sich der Arzt den Rest meines Bauchs an.

„Ich werte das jetzt hier aus und komme dann nochmal."

Wieder wartete ich in der Eiseskälte, Handy hatte kaum Empfang, Familie sorgte sich, ich konnte nicht sofort antworten, weil ich kein Netz hatte. Man sollte meinen, die Kälte sollte schmerzlindernd sein und vielleicht war es das auch. Aber es hatte nur einen geringen Einfluss, wenn überhaupt. Desweiteren ließ mich das Gefühl nicht los, dass der Arzt irgendwas bemerkt hat, was er erstmal bestätigt haben wollte. Diese Vorahnung und dieses Außen-vor-gelassen-sein verstärkte meinen Schmerz noch. "Was zum Teufel habe ich? Ich will das nicht mehr, ich kann das alles nicht mehr", ging mir immer wieder durch den Kopf. Nachdem ich mir neues Schmerzmittel geben ließ, kam nach einer Stunde der Arzt wieder rein.

„Wir wissen, was Ihnen fehlt."

„Okay?"

„Ihre Gallenblase ist sehr stark entzündet. Die muss raus."

„Jetzt?" Es war ca 03:00 Uhr.

„Nein, Sie müssen erstmal komplett nüchtern werden und am besten ein wenig schlafen. Natürlich werden Sie stationär aufgenommen und werden gleich auf ein Zimmer gebracht."

Eine weitere halbe Stunde später wurde ich von einer netten Schwester abgeholt, die mir sogar ein Zimmer gab, in das ich vorerst alleine einzog. Dafür war ich echt dankbar. Leider musste ich die Pfleger richtig terrorisieren, weil die Schmerzen nach Abklingen der Medikamentenwirkung immer wieder kamen. Zum Glück war ich alleine und konnte mich einigermaßen ausruhen. Es war immer die pure Erleichterung, wenn die Schmerzmittel einsetzten, ich erinnere mich noch an die Muskelkrämpfe, die während der gelegentlichen Schmerzspitzen auftraten. Irgendwann entwickelte ich starkes Verständnis für Dr. House. Ich konnte sogar gegen 05:00 Uhr einschlafen, vorher gab man mir nochmal eine Dosis am Tropf. Gegen 09:00 Uhr wachte ich auf und hatte höllischen Durst. Ich versuchte mit dem übrigen Speichel meinen Mund so nass wie möglich zu machen, es gelang mir nicht. Schließlich wurde mir von der Schwester ein Glas Wasser gebracht. Das war ein Segen. Ich nahm einen kleinen Schluck, weil ich mir den Rest aufbewahren wollte. Gegen 10:00 Uhr war meine Mutter mit ihrem langjährigen Freund da. Ich erklärte noch ausführlicher als hier in diesem Buch, was in der letzten Nacht noch passiert ist. Und wie es jetzt weitergeht.

Sie boten an, mir Sachen aus meiner Wohnung zu holen, also gab ich meinen Schlüssel. Sofort plagte mich auch ein schlechtes Gewissen, weil meine Wohnung diplomatisch ausgedrückt nicht für Besuch präpariert war. „Na, dann darf ich mir gleich wieder was anhören", ging mir immer wieder durch den Kopf. Einmal rief Mum an, dachte nur kurz: „Da geht es auch schon los.", aber nichts da. Sie wollte nur wissen, wo die Mülleimer sind, weil sie noch den Müll wegbringen wollten. Ja, ergibt Sinn, man weiß ja nicht, wie lange ich im Krankenhaus blieb.

Nach Rückkehr und einer weiteren Dröhnung Schmerzmittel bedankte ich mich. Doch dabei blieb es nicht. Meine Befürchtung, ich würde aufgrund der dreckigen Wohnung einen Einlauf bekommen, wurde nicht bestätigt. Deswegen war ich so erleichtert, dass ich äußerst tränenreich meine Dankbarkeit äußerte, dass nicht jeder so ein Glück wie ich habe und absolut nicht einsam sein kann bei so einer tollen Familie. Als dann gesagt wurde, dass „der Ausbruch nur an den Drogen liegt", konnte ich tatsächlich wieder ein wenig lachen, aber trotzdem weinte ich weiter - vor Glück.

Mir wurde in dieser Sequenz klar, dass ich alle Probleme dank meines neuen Mindsets und diesem fantastischen Umfeld und der neu erworbenen Resilienz überstehen kann. Ich gewöhnte mir im Anschluss an, möglichst jeden Abend aufzuzählen, wofür ich dankbar war und was am Tag gut gelaufen ist. Dankbarkeit ist ein wahnsinnig guter Booster für Mindset und Resilienz an sich. Man geht automatisch viel freier und bewusster durchs Leben und verkraftet Rückschläge viel besser beziehungsweise kann unheimlich viel Positives aus dieser Erfahrung mitnehmen.

Leider konnten meine Mum und ihr Freund nicht allzu lange bleiben, weil sie von weit angereist sind und sonntags auf den Autobahnen durch Köln zu fahren, ist eine Mammutaufgabe.

Um 15:20 Uhr kam eine Assistenzkraft in mein Zimmer und sagte Bescheid, dass die Operation in einer Stunde losging. Doch 16:20 Uhr kam und ging. Mittlerweile bin ich auch nicht mehr allein im Zimmer, aber weil mein Zimmergenosse ruhig war, hatte ich nichts gegen ihn. Er brachte seine Schwester und Mutter mit, daher setzte ich meine Kopfhörer auf und versuchte mich abzulenken. Die Schmerzen waren natürlich immer noch da, aber längst nicht mehr so schlimm und YouTube lenkte mich noch echt gut ab. Um 17:00 Uhr fragte ich die Schwester, wie es aussieht. Sie konnte keine Auskunft geben. 18:00 Uhr, Schmerzen wurden stärker, Medikamente durften nicht mehr gegeben werden aufgrund der kommenden Narkose. 19:00 Uhr. „Wird langsam Zeit", dachte ich. Eine Runde TFT, die 30-45 Minuten geht, habe ich mich nicht mehr getraut. Endlich kam um 20:15 Uhr die Assistentin wieder.

„Entschuldigen Sie, Herr Kolosza, wir haben zwei Notfälle reinbekommen, wir konnten diese nicht verschieben." Ich dachte nur „und was ist mit mir?".

„Okay, aber jetzt geht es wirklich los?"
„Ja, brauchen Sie ein Beruhigungsmittel?"
„Ne, ich habe voll Bock auf die OP, ich brauche keine Scheiß-egal-Pille. Ich freue mich schon auf das Ende der Schmerzen!"
„Okay." Wir gingen nochmal zusammen die Dokumente durch, ich sollte hier und da unterschreiben, dann wurde ich endlich - endlich! - in den OP ge-

bracht. Eine kleine Horrorvorstellung war es, die OP trotz Narkose mitzubekommen. Aber ich sollte von 10 rückwärts zählen und schon war ich endlich frei von diesen Schmerzen.

Im Aufwachraum öffnete ich meine Augen und fühlte mich zwar sehr müde, aber großartig. Dieser stechende Schmerz war weg, ersetzt wurde dieser mit vier tiefen Stichwunden, garniert mit zwei tiefen Schläuchen. Meiner Familie gab ich Bescheid, dass alles okay sei und ich jetzt schlafen werde.

Spätestens nach zwei Tagen fing ich an, mich zu langweilen. Ich hatte absolut keine Lust mehr auf mein Handy, also legte ich es zur Seite und hatte viel Zeit zum Nachdenken. Dennoch sendete ich einem alten Freund um 09:00 Uhr ein Video, er konnte es nicht mit Ton gucken, da er auf der Arbeit war. Daraufhin regte ich mich künstlich auf, dann erhielt ich die kapiteltitelgebende Nachricht: "Nicht alle lassen sich ein Organ entnehmen, nur um nicht arbeiten zu müssen!" Ich habe das erste Mal seit Tagen aus vollem Herzen gelacht und muss immer noch schmunzeln, wenn ich daran denke.

Zwischenzeitlich wurde mir nach zwei Tagen eine Drainage[2] entfernt, sodass ich etwas besser laufen konnte. Mit Schläuchen im Körper zu laufen, ist derart seltsam. Du weißt, dass da ein Fremdkörper zwischen deinen Organen liegt und hast Angst, beim Gehen was kaputt zu machen. Mir blieb einmal vor Schreck die Luft weg, als der Beutel, der alle Flüssigkeit am Ende des Schlauchs aufnehmen sollte, Richtung Boden flog. Es ist nichts passiert, aber ab da nahm ich mir vor, noch umsichtiger mit dem Beutel umzugehen.

Mittwoch begann die schlimmste Zeit für mich im Krankenhaus. Ich wurde in ein Vier-Bett-Zimmer gebracht, wo ich bis Samstag ausharren musste. Ich wollte so schnell wie möglich raus aus dem Krankenhaus, damit ich wieder Sport machen konnte. Am Samstag bekniete ich den Arzt, mich zu entlassen, ich würde die Medikamente natürlich weiternehmen.

Ich könnte jetzt viele Geschichten aufschreiben, die ziemlich gut den Zustand des kaputten Gesundheits-

---

2   Als Wunddrainage bezeichnet man ein Abfluss-System für Körperflüssigkeiten (Drainage), das in der Regel nach größeren operativen Eingriffen dazu dient, vorübergehend Blut und Wundsekret nach außen abzuleiten bzw. die initiale Wundheilung zu fördern. (https://flexikon. doccheck.com/de/Wunddrainage)

systems erzählen, es war absolut unglaublich. Noch am Tag der Entlassung war ich im Fitnessstudio, um 20 Minuten zu gehen, da es an diesem Tag stark regnete.

Ich war nun wieder im eigenen Bett und konnte endlich durchschlafen und hatte keine drei fremden Leute um mich herum.

Dieses Glück hielt leider nicht lange an.

11. Kapitel
„Das ist jetzt nicht sein Ernst"

Am Tag nach der Entlassung ging ich auf die Waage:
117 Kilo. Also hatte ich aufgrund der Wundheilung
sechs Kilo in einer Woche abgenommen. Zuerst war
ich begeistert, im nächsten Moment dann frustriert,
weil ich Angst vor Skinny Fat hatte und bislang so abgenommen hatte, dass sich keine überschüssige Haut
bilden konnte, was mir bis zum 10.11. auch sehr gut
gelungen ist. Deswegen war es ein herber Rückschlag
für mein Ziel Traumkörper.

Jeden Tag steigerte ich meine Belastung, die dennoch
echt niedrig war. Es war kein Vergleich mehr zum
10-Tage-Sport-in-Folge-Status vor der Gallenblasen-
entzündung. Meine Geburtstagsfeiern (eine für die Familie, eine für Freunde) habe ich abgesagt. Stattdessen
bin ich mit den Öffis zu meiner Mutter gefahren, wo
wir ein nettes Essen hatten. Danach bin ich zur Weih-
nachtsfeier meines Handballvereins gefahren. Für
mich war Alkohol absolut tabu und ich wusste auch
nicht, was ich essen darf. Klar waren sehr fettreiche
Speisen wie Pizza Gift für meinen Heilungsprozess,

aber zu einer pikanten Gulaschsuppe konnte ich nicht nein sagen. Mein Team fragte mich, wie es mir gehe, und ich zeigte stolz meine Narben auf dem Bauch, der nicht mehr wiederzuerkennen war. Es wurde sogar für mich gesungen. Ganz oft wurde mir gesagt, dass man so ehrgeizig wie ich sein will, weil meine Gewichts-abnahme beeindruckend sei. Mir ist sowas ein wenig unangenehm, aber gefreut habe ich mich trotzdem.

Leider musste ich viel zu früh von der Weihnachts-feier los. Ein Teamkollege hat mich mit dem Auto bis nach Novuria mitgenommen, diese Chance wollte ich mir nicht entgehen lassen. Außerdem war ich sehr müde und hatte auch einige Geschenke dabei, die ich tragen musste.

Am nächsten Tag gratulierte mir der Bräutigam zum Geburtstag. Ich nahm es ihm nicht übel, jeder verpeilt mal Geburtstage. Er fragte mich, wann ich feiern wür-de.
„Gar nicht", schrieb ich zurück, „weil ich im Kran-kenhaus war und erstmal wieder zu Kräften kommen muss."

„Wieso sagst du denn nichts?"

Ich dachte lange über meine Antwort nach. Soll ich
wirklich jetzt noch eine Fassade aufrechterhalten,
obwohl meine Energie für Dringenderes als das Ende
einer Freundschaft gebraucht wurde?

„Weil ich mit deiner Frau keinen Kontakt mehr haben
will."

Verständlicherweise war er überrascht, ich erklärte
ihm die Gründe. Just in diesem Moment schrieb mir
eine Freundin, die auch mit dem Bräutigam befreun-
det ist, dass sie im Krankenhaus liegt. Natürlich sagte
ich ihm Bescheid und machte mich auf den Weg.
Ich weiß, ich hätte nicht ins Krankenhaus fahren müssen, aber die Alternative hieße, wieder mal nur auf
dem Laufband die Schritte zu gehen und das wurde
ziemlich langweilig. Der Freundin ging es dem Um-
ständen entsprechend okay, wir konnten uns lange
unterhalten und irgendwann kam auch der Bräutigam
rein. „Mensch David, hättest du was gesagt, ich hätte
dich mitgenommen." Das war sehr nett und ernst
gemeint von ihm und das war auch einer der Haupt-

gründe, weshalb ich ihn so mochte. Ich war froh, dass
seine Frau zu Hause blieb, weil ich mir das Drama
nicht mehr geben wollte.

Nach dem Besuch haben wir uns noch lange unterhalten. Er will das nicht einsehen, dass ich nichts mehr
mit seiner Frau zu tun haben will, es kam auch ziemlich plötzlich. Natürlich entscheidet er sich für seine
Frau, schließlich hat er sein ganzes Leben darauf aus-
gerichtet; Kind, Hochzeit, eigene Wohnung. Wenn er
mir jetzt recht gäbe, würde es ihn unglücklich machen.
Wir hatten ab diesem Moment zwar noch vereinzelt
Kontakt, aber irgendwann legte es sich tatsächlich
komplett.

Zwar schade, aber ich bin kein Typ mehr, der Ver-
gangenem hinterherrennt, sondern immer irgendwo
eine Chance sieht. So plump die Weisheit „Wenn sich
irgendwo eine Tür schließt, öffnet sich woanders eine
andere Tür" auch klingt, es ist durchaus etwas Wahres
dran.

Am nächsten Tag färbte sich mein Urin dunkel und
meine übrigen Ausscheidungen hell. Allmählich

entwickelte ich ein Unwohlsein und wenig Appetit. Wenn ich am nächsten Tag keine Nachuntersuchung gehabt hätte, wäre ich tatsächlich am gleichen Tag ins Krankenhaus gefahren. Es waren keine Schmerzen, eher ein Völlegefühl. Ich recherchierte im Internet. Manchmal hilft es, sehr ballaststoffreich zu essen, also schälte und kochte ich Kartoffeln mit Möhren, machte mir sogar Haferflocken mit Wasser - klingt schlimmer, als es tatsächlich geschmeckt hat. Am Tag der Nachuntersuchung ging ich in die hiesige Buchhandlung und kaufte meine ersten Bücher. Zwei Mangas von Demon Slayer und „Feel Good" von Doc Felix, dem Youtuber. Dann ging ich ins Krankenhaus zur Untersuchung. Ich schilderte dem Arzt mein erneutes Unwohlsein.

„Was haben Sie denn gegessen?", wollte er wissen.

„Ich habe verschiedene Dinge ausprobiert, auch Fleisch war mit dabei, welches aber nicht gebraten war."

„Wie oft haben Sie denn Fleisch gegessen?"

„Jeden Tag. Anders komme ich nicht auf meine Proteine, weil ich mich an Milch nicht rantraue."

„Machen Sie das so nicht mehr. Auch in ungebratenem Fleisch kann viel Fett stecken, vor allem in Schweine-, Rinder- und Entenfleisch. Steigen Sie bitte sofort auf Schonkost um."

„Ok. Aber sehen Sie etwas beunruhigendes im Ultraschall?"

„Nein, es scheint alles okay zu sein. Nächste Woche müssen Sie auch nicht wiederkommen."

Nachdem ich mir abends wieder Haferflocken mit Wasser zubereitet und gegessen habe, kam der Schmerz wieder zurück.

12. Kapitel
„Ich bin krank
und das ist gut so"

Ich war genervt und packte auf der Stelle Sachen für
mehrere Tage ein und rief dann den Rettungswagen.
Auch die neuen Bücher waren mit von der Partie.
Diesmal wollte ich mich nicht quälen und es ausste-
hen und das war ein Glück. Noch am gleichen Abend
wurde Pankreatitis festgestellt, verursacht durch eine
Verstopfung des Gallengangs. Ein Gallenstein war
tatsächlich übrig geblieben und blockierte den Gallen-
gang. Es soll sehr selten sein, dass so etwas vorkommt.
Die Gallenflüssigkeit konnte nicht normal in den
Dünndarm fließen, sondern ging in den Magen. Wenn
ich wieder gewartet hätte, wäre der Schaden womöglich noch größer geworden. Außerdem war das Gal-
lenblasenbett noch voller Eiter und „nekrotischem"
Gewebe. Diesmal fand ich mich damit ab, möglichst
lange im Krankenhaus zu bleiben, um eine vollständi-
ge Genesung zu vereinfachen. Ich würde nicht mehr
auf eine Entlassung drängen.

Tatsächlich hatte ich dieses Mal richtiges Glück mit

dem Zimmer. Erst ein paar Tage nach Einlieferung bekam ich einen Zimmergenossen, der sehr alt war und den man nicht verstehen konnte. Vorher habe ich aber mit dem Lesen angefangen und es war gut. Das Buch „Feel Good" startete mit dem grandiosen Kapitel, in dem es um Stress und dessen Bewältigung ging. Desweiteren beschloss ich, Italienisch zu lernen, um an Weihnachten meine Quasischwägerin und deren Familie zu überraschen. Der Krankenhausaufenthalt war wie gemacht für meine persönliche Weiterbildung, ich stellte mir Fragen wie: „Was willst du eigentlich machen?" oder „Was steht deinem Glück im Wege?" und „Wie komme ich schnell aus der Schichtarbeit raus?". Ich hatte plötzlich Zeit, mich voll und ganz diesen Fragen zu widmen. Ohne den Krankenhausaufenthalt hätte ich weniger Gelegenheit dazu gehabt. „Was kann ich?", „Wie kann ich Menschen helfen?" Ich war richtig tief in Gedanken.

Aus diesem Grund habe ich den anderen Patienten ignoriert, weil ich bemerkte, dass es ihm richtig schlecht ging. Irgendwann hatte ich aber Mitleid und sprach ein wenig mit ihm. Er war schnell müde, deswegen konnte ich dann beruhigt Fußball schauen, denn ich hatte mir am 03.12. nach langer Zeit wieder DAZN für einen Monat gegönnt. 45 Euronen kostet der Spaß inzwischen. Einst als bester 10er aller Zeiten deklariert, kostete der Dienst nun das viereinhalbfache. Da bald aber die Darts WM anstand, gönnte ich mir diesen Luxus, zumal mir klar wurde, dass ich dieses Jahr nicht mehr arbeiten würde und deswegen echt viel schauen könnte.

Ich schaute also Bayer 04 gegen Borussia Dortmund und das war seit langer Zeit das erste Spiel, das ich gesehen habe. Nach dem Spiel rief ich wegen Schmerzmittel den Pfleger. Dieser bemerkte den anderen Patienten. Er lag halb auf dem Bett und beide Beine auf dem Boden. Er war kollabiert.

13. Kapitel
„Die Antworten auf meine Fragen sind so simpel."

Ein ganzes Rettungsteam kam ins Zimmer, legte den Patienten aufs Bett und stellte das Bett so ein, dass möglichst viel Blut in den Kopf kam. Ich war im ersten Moment geschockt. Wollte schnell raus. Rief natürlich meine Mum an, die mich beruhigte: „Du kannst da nichts für."

„Das weiß ich doch, trotzdem kann es sein, dass dieser Mann stirbt, weil ich nicht Acht gegeben habe."
„Ja, aber es ist nicht deine Aufgabe, alles um dich herum zu bewachen."

Da hatte sie natürlich Recht und diese Aussage stimmte auch mit dem Buch von Doc Felix überein.

Du bist nicht als Gott geboren, deswegen darfst du dir keine Schuld für Ereignisse geben, die du nicht verantwortest. Wenn du dir immer die Schuld geben würdest, wenn um dich herum etwas schief geht, dann frisst es dich irgendwann auf.

Ich sah, dass sie den Mann fortbrachten und weiß bis heute nicht, was aus ihm geworden ist. Dieses Ereignis verdeutlichte mir groteskerweise, dass ich auf dem richtigen Weg war und nun bereit für die kommenden Schritte.

Am Nikolaustag wurde ich entlassen, obwohl ich nachts zuvor starke Übelkeit und Erbrechen hatte. Am gleichen Tag fuhr ich noch zu meiner Ärztin. Ich legte den neuen Befund vor.

„Sie machen aber auch Sachen, Herr Kolosza. Geht es Ihnen denn gut?"

„Nein, mir ist immer noch schlecht und der Taxifahrer roch nach Zigaretten. Das war nicht schön."

„Das denke ich mir. Nun gut, Sie werden dieses Jahr keinen Kontaktsport oder Krafttraining machen dürfen. Der Körper muss erstmal wieder zur Ruhe kommen. Wie viel wiegen Sie jetzt?"

„113 Kilo. Aber fühle mich schlecht damit, weil quasi alle Muskeln weg sind und sich tatsächlich Skinny Fat gebildet hat. Ich kann meine Beine nicht mehr anschauen, es ist widerlich."

„Geben Sie sich noch etwas Zeit. Ich kann Sie nicht das übrige Jahr krankschreiben, deswegen kommen Sie bitte nächste Woche nochmal wieder."

Irgendwann kannte ich die Arztpraxen sehr gut. Aber ich genoss die Routine, die nicht durch Schichtarbeit unterbrochen wurde. Morgens vor dem Frühstück las ich ein Sachbuch, das mich persönlich weiterbringt, dann frühstückte ich und anschließend lernte ich Italienisch. Danach war es Zeit für einen Spaziergang, die mit der Zeit länger und länger wurden. Natürlich nutzte ich die Zeit, um über alles mögliche nachzudenken und irgendwann fielen mir die Antworten immer leichter ein.

„Was kann ich?" - Ich bin empathisch (wenn ich will), ich kann Spiele entwickeln, habe denke ich ein gutes Sprachgefühl und bin intelligent. Außerdem bin ich dickköpfig, was mir vor allem beim Start meines Wandels sehr geholfen hat. Zudem bin ich sowohl vom Kopf als auch vom Körper sehr ausdauernd geworden. Wie sonst hätte ich all das schaffen können?

„Was kann ich, das Menschen hilft?" - Problemanalyse, kann mich Stunden mit einem Problem beschäftigen und es dank Ausdauer auch lösen. Damit meine ich keine Stückarbeit, sondern kann ein Konstrukt als Ganzes erfassen und Fehler beheben oder zumindest Schritte einleiten, die das Problem lösen. Desweiteren habe ich ein hohes Einfühlungsvermögen, wenn ich es für angebracht halte.

„Welche Berufe passen da gut?" - Rettungssanitäter, Therapeut, Programmierer und bestimmt noch weitere. Ich möchte meine Gedankengänge einmal erklären.

Rettungssanitäter: Als ich zum zweiten Mal im Rettungswagen ins Krankenhaus gefahren wurde, fragte ich den Sanitäter nach den Voraussetzungen, um im Rettungsdienst Fuß zu fassen. Tatsächlich sind die Hürden überschaubar, ein Medizinstudium ist nicht vonnöten. Der Sanitäter sagte auch, dass der Beruf viel lukrativer im Vergleich zu früher ist. Deswegen setzte ich mich damit auseinander. Man hilft wirklich Menschen, die dankbar sind, so wie ich es in beiden

Fällen meines Krankentransports war. Was für mich allerdings überhaupt nicht zu vereinbaren war, sind die Einsätze bei Sportevents oder anderen Saufgelagen wie Karneval oder Weihnachtsmarkt. Darauf habe ich absolut keine Lust, auch die Schichtarbeit will ich aus meinem Leben verbannen. Sonst bestimmt ein toller und erfüllender Job, der Respekt verdient!

Therapeut: Hier wird es im Leben wahrscheinlich nichts mehr, obwohl es immer mehr Anfragen für Therapien gibt. Allerdings ist ein mehrjähriges Studium Pflicht, welches ich mir augenblicklich nicht erlauben kann. Hier hätte ich das Problem der Schichtarbeit gelöst, hätte einen geregelten Tag und einen sehr gut bezahlten, erfüllenden Job, der Menschen voranbringt. Eventuell komme ich einmal unverhofft zu mehreren Hunderttausend Euro, damit ich das Studium finanziell stemmen kann.

Programmierer: Dieser Beruf steht im massiven Kontrast zu den anderen genannten Jobs. Wie soll man hier Menschen helfen? Dafür muss ich etwas weiter ausholen; Programmierer entwickeln Systeme, die überall eingesetzt werden. Die NASA oder auch führende

Tech-Unternehmen wie SpaceX, Tesla, Google, SAP oder Apple profitieren von Programmiersprachen, die quasi von jedermann erlernt werden können. Coden ist nicht langweilig. Ohne Code kein Fortschritt, nirgendwo. Viele der Systeme der NASA wurden mit der Programmiersprache JavaScript entwickelt und selbst du in der Bahn, auf der Couch oder wo auch immer du dieses Buch liest, profitierst von der NASA-Forschung. Ich will Teil der Entwicklung sein, mit dieser Arbeit kann man Menschen voranbringen. Selbstverständlich rechne ich jetzt nicht damit, sofort bei einem der genannten Unternehmen unterzukommen, aber das sollte ein Ziel sein. Als Programmierer braucht man wie bei einem Lebenswandel einen langen Atem und mein neues Aussehen ist der eindeutige Beleg für diese Ausdauer. Man darf auch mein selbst erstelltes Pokémonspiel nicht vergessen, in das tausende Stunden Arbeit eingeflossen sind, sei es durch etliche Tutorials, das Designen von Grafiken, die Gestaltung der Maps, Eventprogrammierung etc. Es war mein zweitgrößtes Projekt, das ich nebenberuflich ausübte. Ich traue mir zu, diesen Willen auch weiterhin zu haben und Lust habe ich auch! Es ist in meinen Augen ein Traumjob: Man arbeitet remote, kann feste Routinen in seinen Alltag einbauen, man hat am Wochenende IMMER (!) Zeit, das ist so viel wert. Ich hatte es so satt, mein Leben an der Schichtarbeit auszurichten und bin froh, dass ich nun ein realistisches Ziel habe! Ich erinnere mich auch an meinen Kollegen, der gesagt hat, dass ich selten mit so einer Leidenschaft bei der Arbeit war wie in den Zeiten, als ich Excel-Shortcut-Programme schrieb. Es passte wie Arsch auf Eimer.

Über den YouTube-Kanal „Programmieren lernen"[1] bin ich auf die Developer Akademie aufmerksam geworden und beschäftigte mich damit. An Weihnachten fasste ich den Entschluss, dieses Ziel abgesehen von meiner Gesundheit und meinem Einkommen allem überzuordnen und meldete mich auf der Website für ein Beratungsgespräch an. Zwei Tage später fand der Erstkontakt, das Abtasten, statt. Hier wurden die ersten Eckpunkte besprochen, das Finanzielle wie auch die persönliche Eignung. Das Gespräch lief gut, auch als ich angefügt habe, dass ich finanziell gesehen in keiner komfortablen Situation bin, bald aber mehr verdiene und das Geld gerne in mich investieren würde. Die Fortbildung ist nicht günstig, doch ich werde es

1   Programmieren lernen https://www.youtube.com/@Programmierenlernen

schaffen.

Zwischenzeitlich investierte ich viel Zeit in meine persönliche Bildung und vor allem auf meiner Reise nach Mitteldeutschland über Silvester hatte ich ausgiebig Zeit dazu, das Thema Storytelling zu betrachten. Besonders angetan hat mir die „Heldenreise" nach Vogler. Ich versuchte, dieses Schema auf mein vergangenes Jahr anzuwenden und konnte das tatsächlich nahezu komplett als Schablone auf mein Leben legen. Dieses Buch entstand in genau diesem Schema, auch wenn es keinen physischen Feind gibt - abgesehen von meinem Bauch. Laut der Heldenreise von Vogler braucht es den auch nicht, der Feind kann auch etwas nicht Greifbares sein. Auf Udemy[2] buchte ich einige Kurse über Storytelling und Bücherschreiben und hörte mir diese in Form eines Podcasts durch. Es tut einfach gut, etwas Neues zu lernen und seinen Geist auf Trab zu halten.

Auf der Silvesterreise nach Mitteldeutschland wurde

---

2   Wikipedia: Udemy ist eine Plattform, die es den Dozenten erlaubt, Online-Kurse zu ihren bevorzugten Themengebieten zu veröffentlichen, insbesondere im Video-Format. https://de.wikipedia.org/wiki/Udemy

ich von so vielen Leuten für meine Geschichte gelobt und da kam mir auch die Idee, das auf jeden Fall festzuhalten. Zuerst hatte ich vor, ein Video zu machen, aber so ein Video ist schnell gedreht und publiziert. An einem Buch sitzt man lange, weil man immer wieder was einbauen möchte, das man vergessen hat. Das passierte mir so oft. Plötzlich hatte ich Geistesblitze in der Bahn, im Training oder bei einem Spaziergang. „Das mit dem Knie habe ich noch gar nicht erwähnt! Wie konnte ich das nur vergessen?", ist das letzte Beispiel, welches ich neu ins Buch aufgenommen habe.

Am Vortag vor Silvester erfuhr ich, dass am 31.12.2023 die Wehen bei der Freundin meines Bruders eingeleitet würden. Ich malte mir schon aus, das Kind auf Harry Potter-Basis Voldemort zu nennen, wenn es wirklich am Silvestertag[3] käme. Aber der Lümmel ließ sich massiv Zeit, die arme Mutter. Am 03.01.2024 wurde das Kind per Kaiserschnitt geboren, weil er sich partout nicht drehen wollte.

---

3   Tom Riddle aka Lord Voldemort wurde an Silvester 1926 geboren

Am 05.01.2024 hatte ich den kleinen Leonardo Kolosza das erste Mal auf meinem Arm. Ganz bewusst habe ich keine sonstigen Personen in diesem Buch beim Namen genannt, aber Leonardo widme ich dieses Buch garniert mit den besten Glückwünschen, die ich geben kann. Den Eltern wünsche ich einen langen Atem, viel Geduld und Kraft, doch auch der Spaß darf nicht zu kurz kommen. Am 05.01. fing ich auch mit dem Konzept dieses Buches an.

Meinen Status beschreibe ich (Stand 14.01.2024) wie folgt:

Gewicht: 117 Kilo

Blutdruck: normal, ein Medikament wurde abgesetzt.

Zustand Körper: Zuletzt in aufsteigender Form, weil ich langsam wieder mit Sport starten kann. Aktuell bin ich seit vier Tagen erkältet, hoffentlich legt sich die Erkältung bald wieder. Bei gesundem Zustand ist mein Schlaf tief und erholsam und regelmäßig. Darauf will ich nie wieder verzichten! Bis Ende Februar habe ich Zeit, mich körperlich komplett zu erholen. Zum

Sommer habe ich einen muskulösen und ansehnlichen - ja bummsbaren - Körper. Im Jahr 2023 rauchte ich zwei Köpfe Shisha. Einen Kopf in März, der mir nicht schmeckte und einen im Dezember in Mitteldeutschland. Ich habe dicke Oberarme, die sich sehen lassen können!

Zustand Psyche: Die Auszeit vom Job tut mir unglaublich gut. Ich bin mit mir und meinem Vorhaben komplett im Reinen. Die Zustimmung aus meinem Umfeld boostet mein Selbstvertrauen ungemein, auch wenn ich weiß, dass noch ein langer Weg zu gehen ist.

Ernährung: Auch nach der ersten Therapiesitzung infolge meiner schweren Krankheiten noch in der Findungsphase. Verbote: Alle möglichen Hülsenfrüchte, Schwein, Rind, Ente, Pilze und vieles mehr. Nicht mehr fettreich essen.

Beziehung: Vor ein paar Wochen erzählte ich meiner Mutter, dass ich nicht aktiv auf der Suche nach einer Freundin bin, Tinder gelöscht habe und mich so liebe, wie ich bin. Ich bin auch ohne Freundin ein vollständiges Wesen, das keine Lücken hat, die ausgefüllt werden müssen. Eine Freundin zu haben, wäre aber etwas, das mein Glück komplett macht.

Finanzen: In den letzten beiden Monaten habe ich mit dem Sparen kleinerer Summen begonnen. Ich werte Monat für Monat anhand von Kassenbelegen aus, wie viel ich für meine Nachrungsmittel verbrauche. Mittelfristiges Ziel ist es, einen Notgroschen aufzubauen, damit nicht ständig andere für mich in die Bresche springen müssen. Langfristiges Ziel ist ein dauerhafter Sparplan in mehrere ETFs, um mir bis zur Rente ein Vermögen aufzubauen.

Karriere Beruf: Die Fortbildung begann am 09.01. und findet komplett remote statt. Aufgrund der derzeitigen Erkrankung warte ich noch mit dem Durchpowern, auch wenn ich aufgrund meiner Vorkenntnisse schon zwei Module durchgearbeitet habe. Bis spätestens Ende des Jahres will ich einen Job als Programmierer haben. Die Gehaltserhöhung in meiner aktuellen Firma ab März nehme ich trotzdem gern mit.

Karriere Sport: Der Handball mit den Jungs gibt mir unglaublich viel. Noch habe ich kein Tor gemacht, aber es kann nicht mehr lange dauern! Seit einiger Zeit liebäugel ich auch mit der Ausübung einer Kampfsportart, damit habe ich mich aber noch nicht groß beschäftigt.

Das mag für den ein oder anderen verhältnismäßig klein gedacht sein, aber ich möchte verdeutlichen, wie mein Allgemeinzustand vor einem Jahr war:

Gewicht: über 150 Kilo

Bluthochdruck

Zustand Körper: Katastrophal. Ich schaffte gerade so den Weg zum Supermarkt und wieder zurück, ohne zu schnaufen - es sei denn, ich schleppte Wasser. Das Knie schmerzte bei jedem Mal aufstehen. Gelegentliche Herzattacken, von denen ich niemanden etwas erzählte. Mein Doppelkinn hatte eine eigene Postleitzahl. Ich hasste es.

Zustand Psyche: „Alle anderen sind schuld, die Gesellschaft hat mich zu dem gemacht, der ich bin. Ich bin fehlerlos". Alle möglichen Probleme verdrängt statt zu verarbeiten. Selbstliebe null. Nie nein gesagt, wenn jemand was wollte, auch wenn es mir zu viel war.

Ernährung: „Wie viele Pizzakartons kann ich wohl in der Ecke stapeln?" Ansonsten einfach von allem zu viel.

Beziehung: Wollte unbedingt eine Freundin, die mich rauszieht aus meinem Loch. Natürlich durfte sie selbst nicht dick sein sondern schön! Da drifteten Erwartungen und Wirklichkeit stark auseinander.

Finanzen: Im Durchschnitt zwei Kontopfändungen pro Jahr, Briefe werden nicht geöffnet und werden irgendwann gebündelt weggeworfen. Von Gehalt zu Gehalt gelebt und alles ausgegeben.

Karriere Beruf: Eine typische Sackgasse. Die Arbeit, die ich in meiner Firma mache, empfiehlt mich nicht für Jobs in anderen Firmen. Gelegentliche Grenzübertritte gegenüber Vorgesetzten und Kunden. Ich hasste meinen Job schon damals und machte es mir oft zu leicht.

Karriere Sport: Es kann hierzu keinen Status geben.

Ich staune auch heute noch, wie sehr sich mein Körper verändert hat und stehe von Zeit zu Zeit länger vor dem Spiegel und bin stolz auf das, was ich erreicht habe und freue mich mit dem neuen Mindset noch mehr auf mein kommendes Leben!

Dieses Buch schreibe ich mit dem Wissen, dass der Weg noch nicht vorbei ist. Heute ist der 14.01.2024, jetzt beginnt nur ein weiteres Kapitel in meiner Geschichte!

Zusatzkapitel
Roadmap in ein besseres Leben

Jeder kann schaffen, was ich geschafft habe und schaffen werde. Vergiss' das niemals!

Du willst ein besseres Leben führen? Anbei meine persönliche Roadmap, an der du dich orientieren kannst:

1. Ziel formulieren
2. Leben ausmisten
3. Akzeptanz früherer Fehler
4. Tracking der Umsetzung
   a. Spaß
   b Mut für Neues
   c. Routinen und Rituale
5. Dankbarkeit
6. Positivität ausstrahlen
7. Selbstachtung
8. Verantwortung für andere abgeben
9. Eigenverantwortung übernehmen

1. Ziel formulieren

Warum willst du dich ändern? Bis wann willst du
es erreichen? Welche Mittel sind dafür notwendig?
Wichtig ist vor allem, dass du Ziele so klar wie möglich definierst, damit du immer weißt, worauf du
hinarbeitest. Zum Beispiel wirst du die Ziele *Mehr Geld
verdienen* oder *abnehmen* bei so einer Formulierung
nicht erreichen. *Ich will bis Juli eine Gehaltsstufe aufsteigen* oder *Ich will in einem Jahr 50 Kilo abnehmen* sind viel
konkreter. Dann stellst du dir die Fragen *Wie kann ich
bis Juli eine Gehaltsstufe aufsteigen?* oder *Wie schaffe ich
es, in einem Jahr 50 Kilo abzunehmen?*

2. Leben ausmisten

Mach' dir genau Gedanken, welche Gewohnheiten,
Umstände oder Menschen deinem neuen Leben im
Wege stehen und räume damit auf. Toxische Ge-
wohnheiten, Umstände und Menschen sind in deinem
Leben nicht in Stein gemeißelt!

3. Akzeptanz früherer Fehler

Das geht direkt in den nächsten Schritt der Akzeptanz früherer Fehler über. Kein Mensch auf der Welt hat je ein fehlerfreies Leben geführt und daran solltest du dich auch nicht messen lassen. Anstatt dass du diese Lasten immer mit dir herumschleppst, solltest du diese ablegen und als Wegstein nutzen. Diese Fehler wirst du nicht noch einmal tun.

4. Tracking der Umsetzung
    a. Spaß
    b. Mut für Neues
    c. Routinen und Rituale

Du musst genau im Blick haben, wie viel näher du deinem Ziel gekommen bist, damit du auch mal wieder mit Stolz auf das zurückblicken kannst, was du schon erreicht hast. Im Vordergrund deiner Aktivitäten muss immer der Spaß stehen. Wenn du abnehmen willst, treibe einen Sport, auf den du jeden Tag Bock hast. Zähle Kalorien, die Yazio-App ist wirklich bombastisch! Außerdem solltest du immer Mut haben, etwas Neues auszuprobieren. In Mitteldeutschland habe ich mich getraut zu bouldern, obwohl ich noch angeschlagen war. Ich habe es geliebt.

Am Anfang sind diese Dinge noch leicht, weil der Hype auf Veränderung groß ist. Dann beginnt aber auch schon die Transformation des Hypes zum Alltag. Hierzu ist es wichtig, standardmäßige Routinen einzubauen, die dich dazu zwingen, weiterhin dein Programm durchzuziehen. Daher musst du dir überlegen, wie du feste Routinen oder Rituale ohne hohe Hemmschwelle in dein Leben einbaust.

5. Dankbarkeit

Sei dankbar für alles Gute, was dir widerfahren ist und lege eine Zeit fest, in der du über all das nachdenkst. Manchmal passieren so viele schöne kleine Dinge, die man schnell wieder vergisst. Wenn man aber tagsüber immer auf der Suche nach einer schönen Sache ist, wird man garantiert etwas finden, sei es die schöne fremde Person, die einem zulächelt, der Sonnenuntergang, das gute Training, die nette Unterhaltung mit einem sympathischen Menschen, ja mei, man kann sogar dankbar für einen leckeren Kaffee sein!

6. Positivität ausstrahlen

Die Dankbarkeit strahlt dein Körper nach einer kleinen Zeit aus. Menschen sind plötzlich gerne mit dir zusammen, weil du ihnen ein gutes Gefühl gibst. Vorsicht vor Lästereien und verbalen Aussetzern, die können die positive Aura, die du dir so hart erarbeitet hast, verblassen lassen. Gib' Menschen Anerkennung, wenn du der Meinung bist, dass sie verdient ist und versuche in jedem Menschen etwas Wertvolles zu sehen. Und nimm' Anerkennung anderer Leute an. Du machst sie unbewusst schlecht, wenn du ein ernstgemeintes Kompliment zurückweist. Du musst nicht alle mögen, schließlich mögen dich auch nicht alle. Wenn du dich selbst wahrhaftig liebst, sehen auch andere Menschen zwangsläufig den Grund dafür.

7. Selbstachtung

Du kannst es nicht jedem Recht machen. Diese harte Lektion wirst du definitiv auf deinem Weg zu einem besseren Leben lernen. In deinem Leben geht es um dich und deine Gesundheit und wenn du selbst diese wichtigen Punkte vernachlässigst, wieso sollten sich dann andere Menschen darum sorgen, wenn es unwichtig zu sein scheint? Du kannst gerne hilfsbereit sein, aber wenn du zu einer bestimmten Zeit oder zu einer bestimmten Beschäftigung keine Lust oder Zeit oder Energie hast, musst du dir diesen Freiraum auch einräumen. Erst recht, wenn dein Umfeld es gewohnt ist, dich jederzeit „bestellen" zu können und du wenige Zeit später da bist.

8. Verantwortung für andere abgeben

Zur Selbstachtung gehört auch, sich selbst für seine eigenen Taten verantwortlich zu machen und Verantwortung für andere Menschen (Ausnahmen sind natürlich die eigenen Kinder) abzugeben. Du kannst nicht alles kontrollieren, was um dich herum passiert. Bei einem Flugzeugnotfall muss man auch erstmal sich selbst mit einer Sauerstoffmaske versorgen, bevor man anderen hilft. Du kannst nicht das ganze Flugzeug retten. Du bist nicht verantwortlich für diesen Umstand.

9. Eigenverantwortung übernehmen

Nimm dein Leben in die eigene Hand und sei nicht länger fremdbestimmt. Du allein bestimmst deinen Weg. Denn „so wie du jetzt dieses Buch liest, bist du das Ergebnis deiner Routinen". Ich werde Coach Stef einfach auf ewig zitieren, ich merk' das schon!